LE PRÉTENDU MONOPOLE

DES BUREAUX DE BIENFAISANCE

DEVANT LA LOI ET DEVANT L'HISTOIRE

ÉTUDE CRITIQUE

Par LÉON LALLEMAND, avocat;

Correspondant de l'Institut de France;
Membre (à titre étranger) des Académies royales de Belgique,
d'Espagne et de Portugal.

PARIS

MAISON DE LA BONNE PRESSE

8, RUE FRANÇOIS Iᵉʳ, 8

1899

PRINCIPAUX OUVRAGES DU MÊME AUTEUR

I. **Les quêtes à domicile.** Brochure in-8°, 16 pages. Paris, 1873.

II. **Etude sur la nomination des Commissions administratives des établissements de bienfaisance,** in-8°, 60 pages. Paris, avril 1877.

III. **Histoire de la charité à Rome** in-8°, VIII-584. Paris, 1878 (*épuisé*).

IV. **La question des enfants abandonnés et délaissés au XIX**e **siècle** (extrait d'un mémoire couronné par l'Académie des sciences morales et politiques), in-8°, VI-236 pages. Paris, A. Picard-Guillaumin, 1885 (*épuisé*).

V. **Histoire des enfants abandonnés et délaissés. Étude sur la protection de l'enfance aux diverses époques de la civilisation.** (ouvrage couronné par l'Académie des sciences morales et politiques), in-8°, VII-791 pages. Paris, A. Picard et Guillaumin, 1885 (*épuisé*).

VI. **Un chapitre de l'histoire des enfants trouvés. La maison de la couche à Paris (XVII**e **et XVIII**e **siècle),** in-8°, 148 pages. Paris, Champion, 1885. (Extrait de l'ouvrage précédent.)

VII. **De l'assistance des classes rurales au XIX**e **siècle** (conclusions d'un mémoire couronné par l'Académie des sciences morales et politiques). in-8°, II-162 pages. Paris, A. Picard et Guillaumin, 1889.

VIII. **Loi du 24 juillet 1889 sur la protection des enfants maltraités ou moralement abandonnés.** Notice et notes. in-8°, 20 pages. Paris, 1890 (Extrait de l'*Annuaire français de la Société de législation comparée.*)

IX. **Un péril social.** L'introduction de la charité légale en France. (Communication faite, le 10 novembre 1890, à la Société d'Economie sociale), in-8°, 30 pages. Paris, 1891. (Extrait de la *Réforme sociale.*)

X. **L'office central des institutions charitables,** in-8°, 20 pages. Paris, 1891. (Communication faite le 14 mars 1891 au groupe bordelais des Unions de la paix sociale.)

XI. **La liberté de la charité.** Brochure in-18, 16 pages. Paris. 1892.

LE PRÉTENDU MONOPOLE

DES BUREAUX DE BIENFAISANCE

DEVANT LA LOI ET DEVANT L'HISTOIRE

LE PRÉTENDU MONOPOLE

DES BUREAUX DE BIENFAISANCE

DEVANT LA LOI ET DEVANT L'HISTOIRE

ÉTUDE CRITIQUE

Par LÉON LALLEMAND, avocat;

Correspondant de l'Institut de France;
Membre (à titre étranger) des Académies royales de Belgique,
d'Espagne et de Portugal.

PARIS

MAISON DE LA BONNE PRESSE

8, RUE FRANÇOIS Iᵉʳ, 8

1899

LE PRÉTENDU MONOPOLE

DES BUREAUX DE BIENFAISANCE

DEVANT LA LOI ET DEVANT L'HISTOIRE

L'opinion publique s'est vivement émue, il y a quelques semaines, d'un projet d'avis préparé par une section du Conseil d'Etat, établissant que les Bureaux de bienfaisance *seuls* ont le droit de quêter pour les pauvres dans les églises à l'exclusion du Clergé et des Fabriques. Quelque grave que soit cette question, il s'agit simplement, en réalité, d'un épisode de la campagne entreprise depuis de longues années déjà en vue d'établir chez nous le régime de la charité légale. Cette prétention nouvelle, tout exorbitante qu'elle paraisse, ne l'est pas plus que nombre d'autres qui ont passé presque inaperçues. Dans sa simplicité brutale, elle est facile à saisir, c'est pour cela qu'elle révolte davantage les consciences.

On peut la comparer à ces jets de flammes échappés brusquement du sommet de la montagne, faisant apparaître aux yeux de tous l'existence du volcan qui la minait, et dont jusque-là on entendait d'une oreille distraite les sourds grondements.

Le droit naturel et imprescriptible que nous possédons de solliciter les aumônes en faveur de nos frères malheureux ne saurait d'ailleurs être examiné isolément, il faut étudier l'ensemble du sujet; je le ferai en quelques mots, me bornant à tracer les lignes maîtresses du problème de la liberté de la charité sans entrer dans les discussions de détail.

I. — HISTORIQUE DE LA QUESTION

Dès l'origine du christianisme, les ministres du culte sont chargés de prendre soin des déshérités de ce monde; c'est pour eux une obligation impérieuse, un devoir sacré; plus tard, les Fabriques paroissiales les aident à accomplir cette noble mission; le droit civil vient se joindre aux prescriptions de l'Église pour affirmer et consacrer cette vocation charitable. Inutile d'insister sur ce point : il n'est contesté par personne.

Lorsque les Bureaux de charité, dus en grande partie à l'initiative heureuse de saint Vincent de Paul, se multiplient, les Parlements approuvent les statuts et s'efforcent de faire prévaloir des règles uniformes. Tantôt, ces arrêts d'homologation s'appliquent à un diocèse entier, tantôt, au contraire, ils ne concernent qu'une simple paroisse. Les dispositions principales varient peu au xviiie siècle. Les Bureaux de charité forment une sorte de prolongement, d'extension des Fabriques. Les marguilliers en charge et les anciens marguilliers en font partie (1).

Les curés président toutes les assemblées ordinaires et extraordinaires, composées habituellement de dames de charité, de représentants de la noblesse, de la bourgeoisie, du peuple des campagnes (2).

Au nombre des ressources de ces bureaux, figurent les quêtes faites lors des offices divins. Ces recettes sont centralisées entre les mains du trésorier ou versées préalablement dans un tronc (3).

---

(1) *Paroisse de Saint-Barthélemy* à Paris (arrêt du 4 mars 1763) : « Les biens et revenus appartenants aux pauvres de la paroisse seront administrés par les curé et marguilliers. Sera établie par délibération prise en une assemblée des curé et marguilliers une compagnie de dames de charité, laquelle sera composée de dames et demoiselles de piété, domiciliées sur la paroisse qui voudront bien se prêter à cet emploi. » (Jousse, *Traité du gouvernement des paroisses*, 1769, p. 476-477). *Paroisse d'Aubervilliers* (arrêt du 22 avril 1785, art. 57). « Pour l'administration des biens et revenus de la charité, seront tenues des assemblées générales et particulières, qui seront composées respectivement des mêmes personnes que les assemblées de la Fabrique et en outre de quatre dames de charité et d'un trésorier qui n'aura voix délibérative. » Voir aussi : Règlement pour l'administration des Fabriques et pour celle des biens et revenus des charités des paroisses du diocèse de Reims (arrêt du 7 septembre 1785, art. 99).

(2) « Le curé a la première place dans toutes les assemblées de charité, et y préside et recueille les suffrages, à la pluralité desquels doivent se faire les délibérations, et, en cas de partage d'opinions, il a voix prépondérante. En l'absence du curé, c'est à l'ancien des marguilliers à y présider; au surplus, les autres personnes n'y ont aucun rang entre elles..... » (Jousse, *op. cit.*, p. 217.)

(3) « Les quêtes pour les pauvres continueront d'être faites pendant l'of-

Afin d'éviter les doubles emplois, *on prie* souvent « ceux qui peuvent faire l'aumône, les gros propriétaires de la paroisse, les personnes aisées », d'envoyer à l'œuvre les sommes qu'ils destinent au soulagement des indigents. (Règlement de Saint-Georges-sur-Loire homologué le 22 février 1786.)

Le curé appose sa signature sur les bons de secours, conjointement avec un membre du bureau, et prend toujours une part active aux distributions; il est néanmoins autorisé à disposer de l'argent que les donateurs ou testateurs désirent voir distribuer par lui *selon sa discrétion, prudence et fidélité* (4).

Un arrêt de 1534 décide enfin que quand l'évêque a donné permission de quêter dans une église, les marguilliers et le curé ne peuvent s'y opposer. L'ensemble des documents affirme donc l'union intime qui existe alors entre les Fabriques et les Bureaux de charité.

Après 1789, la scène change, les utopies des constituants, appliquées et aggravées par les conventionnels, sanctionnent le droit aux secours publics. Les biens du clergé, ceux des établissements hospitaliers sont confisqués, vendus. La nation seule assume le devoir de fournir aux besoins des malheureux, plus d'aumônes, plus de charités individuelles ou collectives; l'Etat suffit à tout;

---

lice divin, suivant l'usage accoutumé en chaque paroisse, et le produit desdites quêtes, ainsi que de celles qui se font aux assemblées de charité, même de celles que le curé ou autre ecclésiastique peut avoir coutume de faire certains jours de l'année au profit des pauvres, ensemble le produit des troncs établis en leur faveur, seront rapportés à la masse commune, et en conséquence, remis après chacune desdites quêtes, et ouvertures des troncs, au procureur-trésorier des pauvres. » (*Paroisses du diocèse de Reims*, art. 110.) Dans le même sens, arrêts suivants: 2 avril 1737 (Saint-Jean-en-Grève); 28 février 1756 (*Morangis*), 21 août 1762 (*Saumur*); 25 février 1763 (*Nogent-sur-Marne*); 8 mars 1764 (*Saint-Chamond*); 17 mars 1779 (*La Loupe*); 8 mars 1783 (*Civray en Poitou*); 25 avril 1787 (*Paroisses du diocèse de Meaux*); etc.

(4) « Le curé aura le droit de distribuer aux pauvres, suivant sa prudence, les sommes mobiliaires qui seront remises entre ses mains pour être distribuées par lui seul; ensemble, celles données par donations entre-vifs ou par testament aux pauvres, à condition que les distributions en seront faites par le curé et ses successeurs, sans qu'il soit tenu d'en rendre compte. » (Arrêt du 31 juillet 1784 (*Rueil*, art. 12). *Paroisses: Saint-Germain l'Auxerrois* (1761); *Saint-Barthélemy* (1763) *Saint-Nicolas des Champs* (1764).

en théorie du moins, car au milieu des fautes accumulées, des guerres civiles ou étrangères suscitées, le budget national reste impuissant à supporter un tel fardeau; les pauvres sont sans secours; la ruine, le désespoir, la mort envahissent d'un bout du territoire à l'autre les asiles ouverts à la vieillesse, à la maladie, à l'enfance par la piété des siècles passés (5).

C'est en l'an V seulement que l'on cherche à remédier à une si pénible détresse. Les membres modérés des Conseils des Anciens et des Cinq-Cents, avant de se voir soumis à l'épuration jacobine de fructidor, veulent rétablir sur des bases solides les divers services d'assistance. Ils constituent des Corps moraux autonomes appelés Commissions hospitalières et Bureaux de bienfaisance (16 vendémiaire, 7 frimaire an V) (6). Ces Corps moraux recueillent les débris du patrimoine des œuvres charitables; distincts de la commune, du département, de l'Etat, animés d'une vie propre, ils assistent les indigents, les malades, les infirmes, dans la limite de leurs ressources. Les subventions qui peuvent leur être allouées n'ont aucun caractère obligatoire.

Tel est le véritable sens de cette réforme sous l'empire de la quelle nous vivons actuellement, bien que l'on s'efforce de la modifier en introduisant chez nous le principe de l'impôt forcé en faveur de telle ou telle classe d'infortunés.

Au début, ces Commissions ont un caractère nettement laïque; comment peut-il en être autrement? Le clergé est décimé, proscrit; les fidèles sont réduits à l'impuissance; les églises transformées en clubs; les servantes des pauvres se voient à peine tolérées dans certains hôpitaux en revêtant un costume de veuves.

Sous le Consulat, les hommes d'Etat, au premier rang desquels figurent Chaptal et Portalis, comprennent l'importance de ce mouvement de foi qui prépare et rend nécessaire le Concordat; ils font taire les préjugés; dès l'an IX, les actes du nouveau pouvoir affirment l'union féconde de la religion et de la bienfaisance publique. Les organismes administratifs, créés par les lois de l'an V, sont invités à recourir aux bons offices des religieuses

---

(5) Voir pour les détails mon modeste travail : *la Révolution et les Pauvres*. in-8, 400 pages, Paris, librairie Picard, 82, rue Bonaparte, 1898 (tiré à 500 exemplaires numérotés).

(6) Le texte de cette loi se trouve aux pièces justificatives, n° 1.

hospitalières, des Sœurs de charité (7). En même temps l'on s'efforce de développer leurs revenus; la loi du 7 frimaire an V leur accorde bien un impôt prélevé en sus du prix des places dans les théâtres; l'article 8 déclare déjà *que chaque bureau de bienfaisance recevra, de plus, les dons qui lui seront offerts*. Les octrois ont été rétablis sous le titre d'*octrois municipaux et de bienfaisance;* on veut faire plus encore, et Chaptal propose au gouvernement d'attribuer à ces bureaux le droit de quêter dans les églises qui viennent de se rouvrir officiellement, et prend le 5 prairial an XI un arrêté autorisant les administrateurs des hospices et bureaux de bienfaisance à poser des troncs et à quêter dans tous les temples consacrés à l'exercice des cérémonies religieuses, la quête étant confiée, soit aux Filles de la Charité, soit à telles autres dames charitables qu'ils le jugeront convenable.

L'exercice de ce droit donne lieu à des conflits *désavantageux aux pauvres* entre les administrateurs et les curés. « Les évêques, écrit Portalis (Rapport à l'empereur, 10 septembre 1806) (8), en rédigeant les règlements pour les Fabriques intérieures que Votre Majesté, par la décision du 9 floréal an XI les a autorisés à faire, sauf son approbation, y ont tous inséré un article qui, réglant les quêtes à faire et les troncs à poser, tant au profit de la Fabrique qu'à celui des pauvres, interdit toutes autres quêtes pour lesquelles ils n'auraient pas donné permission expresse. Les évêques ont certainement le droit de prendre une semblable mesure parce qu'il leur appartient de régler ce qui concerne l'intérieur des églises..... »

---

(7) Arrêté des consuls, 29 germinal an IX, qui réunit l'administration des secours à domicile de la Ville de Paris aux attributions du Conseil général des hospices. Art. 4 : « Les Comités sont secondés dans l'exercice de leurs fonctions, par des Filles de Charité dont le nombre est fixé par le ministre de l'intérieur..... « Règlement du 8 prairial an IX, pour l'administration des secours à domicile de la Ville de Paris (signé : Chaptal). Dispositions générales. Art. 1er : « Le Conseil..... propose au ministre les mesures à prendre pour assurer l'exécution de l'article 6 de l'arrêté des consuls du 29 germinal relatif à l'établissement des marmites et des dépôts de médicaments, sous la direction de Filles de Charité. »—Circulaire du 30 messidor an X (Chaptal) concernant le rappel des religieux dans les hôpitaux.—Arrêté des consuls (24 vendémiaire an XI) autorisant les Sœurs de Charité à revêtir leur costume et à se consacrer au soulagement des malades et à l'instruction des filles pauvres.

(8) Arrêté de l'an XI, pièces justificatives n° II; décret du 12 septembre 1806, n° IV.

D'un autre côté, les hôpitaux et hospices ont recouvré, en partie,
le domaine dont ils avaient été spoliés, et il semble opportun de
restreindre aux seuls Bureaux de bienfaisance le privilège
accordé en l'an XI; aussi Napoléon signe-t-il, le 12 septembre, un
décret permettant aux administrateurs de faire *par eux-mêmes*
des quêtes et de placer des troncs dans chaque église paroissiale,
sous la réserve des règlements épiscopaux approuvés. Le décret
organique du 30 décembre 1809 sur les Fabriques maintient ce
droit en ces termes (art. 75) : « Tout ce qui concerne les quêtes
dans les églises sera réglé par l'évêque sur le rapport des marguilliers, sans préjudice des quêtes pour les pauvres, lesquelles
devront toujours avoir lieu dans les églises, toutes les fois que
les Bureaux de bienfaisance le jugeront convenable (9). Disposition d'autant plus importante qu'à l'heure actuelle, à défaut
d'hospice et de Bureau de bienfaisance, la loi du 15 juillet 1893
(art. 10) accorde aux Bureaux d'assistance médicale, créés obli-
gatoirement, « tous les droits et attributions qui appartiennent
aux Bureaux de bienfaisance ».

Il faut reconnaître que ces quêtes ne donnent généralement
lieu à aucun conflit, les administrateurs comprennent que le
résultat d'un différend de ce genre serait de tarir de suite les
offrandes des fidèles, et tout le monde accepte le *modus vivendi*
résumé ainsi. (Lettre du ministre de la Justice et des Cultes
27 mai. 1866.) Les administrateurs doivent quêter par eux-mêmes
ou faire agréer leurs remplaçants. Un accord officieux intervient
ensuite avec l'autorité ecclésiastique au point de vue des jours et
heures desdites quêtes.

Les Bureaux de bienfaisance, et, à leur défaut, les Bureaux
d'assistance médicale, sont donc les représentants légaux des
pauvres ; ils ont le privilège de quêter dans les églises. Tout ceci est
clair ; mais la question grave soulevée aussitôt est celle de savoir
si ces Bureaux ont le monopole de la charité, en un mot,
si, en dehors d'eux, il est défendu de faire des dons ou des legs
applicables aux pauvres ou de recueillir des offrandes qui leur
soient applicables.

---

(9) Portalis, en ses observations sur le projet de décret, avait proposé de
reprendre pour cet article 75 la rédaction même du décret du 12 septembre 1806. Cette proposition n'a pas été adoptée (arch. nationales
A. F. ᴵⱽ, plaquette 3192, n° 9.)

Quelle est, sur cette question, la jurisprudence actuelle du Conseil d'État? c'est ce qu'il importe d'examiner.

II. — JURISPRUDENCE ACTUELLE DU CONSEIL D'ÉTAT

Sans énumérer les avis émis à ce sujet par le Conseil d'État à diverses époques, la haute Assemblée déclare à l'heure présente :

I. Que la liberté de la charité privée ne saurait être contestée; qu'aucune disposition législative n'a donné qualité aux Bureaux de bienfaisance pour revendiquer les sommes recueillies par des tiers dans l'intérêt des pauvres; que le maire n'a pas davantage reçu de la loi ce droit de revendication, mais que, en vertu des articles 910 et 937 du Code civil et de l'article 3 de l'ordonnance du 2 avril 1817, les représentants légaux des pauvres seraient recevables à agir en justice et à faire tous actes destinés à assurer la conservation et l'emploi des sommes versées si les intermédiaires venaient à les compromettre ou à les détourner du but charitable qui leur avait été assigné (10).

II. Si un don ou un legs est fait aux pauvres sans autre indication, c'est le Bureau de bienfaisance (ou, à son défaut, le bureau d'assistance médicale) qui est compétent pour le revendiquer. Le mode de secours auquel cet établissement est préposé constitue, en effet, le mode habituel, et dès lors il est présumable que c'est cette forme légale de bienfaisance que le donateur ou le testateur a adoptée, du moment surtout qu'il n'a pas exprimé une intention contraire (11).

III. De plus, ces Bureaux tiennent des lois, décrets et ordonnances, la mission exclusive d'administrer les biens des pauvres et celle de faire la répartition des secours (12). Cures, Fabriques,

---

(10) Avis du 24 mars 1880, voir le texte de cet avis aux pièces justificatives sous le n° VII. « Tous les deniers destinés à l'entretien d'une œuvre charitable ne sont pas des deniers publics. En conséquence, ne sauraient être considérés comme deniers communaux des fonds provenant de quêtes faites par un curé dans un but charitable, lorsque l'œuvre à laquelle ces fonds sont destinés n'a aucun caractère communal. » (Conseil d'État statuant au contentieux, 22 février 1889, Revendication contre le curé du Mont-Dore. *Revue des établissements de bienfaisance*, année 1889, p. 136.)

(11) THÉODORE TISSIER. *Traité théorique et pratique des dons et legs aux établissements publics ou d'utilité publique.* 2 vol in 8°, Paris. Dupont, 1896, t. 1er, p. 267 et 688.

(12) TISSIER, *op. cit.*, t. 1er, p. 691.

Conseils presbytéraux, Consistoires n'ont notamment aucune capacité pour recevoir des libéralités dans l'intérêt des pauvres (13).

IV. A défaut des établissements institués et qui n'ont pas la vocation charitable, les Bureaux de bienfaisance peuvent, à titre de représentants légaux des pauvres, être appelés par décret à recueillir l'émolument desdits dons et legs, à moins que la désignation des établissements susvisés n'ait été la cause impulsive de ces libéralités; dans ce cas, elles deviennent caduques (14).

V. Le Conseil considère comme illicite, et tombant par conséquent sous l'application de l'article 900 du Code civil, la clause par laquelle les arrérages d'un legs fait aux pauvres, ou pour les pauvres, doivent être distribués par un tiers (généralement un curé ou desservant) (15).

Toutefois, les legs de sommes jugées modiques, eu égard surtout à la fortune du testateur, faits à des Fabriques, à des curés ou autres intermédiaires pour être distribués *immédiatement* aux pauvres, sont regardés comme constituant, non des libéralités

---

(13) Tissier, *op. cit.*, t. Ier, p. 583-585.

(14) Tissier, *op. cit.*, t. Ier, p. 277-279 et 594. Lorsque le legs est fait à la fois pour le soulagement des pauvres et pour services religieux, il y a lieu de limiter l'autorisation d'accepter à la somme nécessaire à l'acquittement par la Fabrique des charges qui lui sont spécialement imposées et à autoriser le Bureau de bienfaisance à accepter le surplus du legs. (*Notes de jurisprudence* 1892, Tissier, t. Ier, p. 622.)

« Quand il résulte des termes du testament que le testateur a entendu faire de la distribution ou de l'emploi du legs par l'établissement incapable qu'il a institué la condition expresse de sa libéralité, on doit se borner à refuser l'autorisation d'accepter le legs à l'établissement institué, qui n'est pas apte à recevoir, sans donner à l'établissement bénéficiaire une autorisation qui aurait pour effet de méconnaître ouvertement la volonté du testateur. » (*Notes de jurisprudence*, Tissier, t. Ier, p. 594.) M. Tissier ajoute : « Telles sont les seules réserves que comporte dans son application la règle posée par le Conseil d'État. »

(15) Tissier, *op. cit.*, t. II, p. 308. Avis de la section de l'Intérieur, 25 janvier 1882, no 41, 705. « Considérant que le legs Loisel fait aux pauvres de la commune de Beaurepaire est fait à charge de distribution des arrérages par le curé de la paroisse; qu'un tel legs peut, conformément à la jurisprudence, être valablement accepté par le représentant des pauvres en insérant au projet de décret la réserve ordinaire « aux clauses et conditions imposées en tant qu'elles ne sont pas contraires aux lois »; que, de plus, il y a lieu d'ajouter un article refusant au curé l'autorisation d'accepter le bénéfice du legs..... » Voir aussi deux notes des 14 mars 1881 et 16 juillet 1890 (Tissier, t. II, p. 308.), ainsi qu'un avis de principe du 7 juillet 1881. (Tissier, t. Ier, p. 591.)

sujettes à l'autorisation gouvernementale, mais de simples charges
d'hérédité, dont l'exécution peut être poursuivie directement par
le titulaire ecclésiastique ou l'établissement désigné (16), et dont
le gouvernement n'a ni à permettre ni à prohiber l'exécution.

VI. Enfin les communautés, congrégations, sociétés charitables,
reconnues, ont qualité pour recueillir des dons et legs en faveur
des classes indigentes, néanmoins leur vocation est strictement
limitée par leurs statuts approuvés (17). Si la libéralité ne paraît
pas au gouvernement cadrer avec ces statuts, il la déclare
caduque et même se croit autorisé à en faire bénéficier un autre
établissement public : Bureau de bienfaisance, hospice, etc. (18),

Tel est le dernier état de la jurisprudence du Conseil; ce qui
en constitue la gravité, c'est qu'une fois l'autorisation d'accepter
un legs ou un don refusée à une personne morale, elle est sans
qualité pour former devant les tribunaux de l'ordre judiciaire
une demande en délivrance au cours de laquelle pourrait être contestée la légalité de la décision prise par le gouvernement (19). Il
ne reste que la voie administrative du recours basé sur excès
de pouvoir, incompétence ou vice de formes. En cas seulement
d'attribution à un établissement autre que l'établissement ins-

---

(16) Note de la section de l'Intérieur, 27 mars 1889 (curé). Avis de la même
section. 3 décembre 1889 (Fabrique), Tissier, t. Iᵉʳ, p. 650, 651.

(17) Tissier, *op. cit.*, t. Iᵉʳ, p. 675.

(18) M. Tissier dit à ce sujet (t. Iᵉʳ, p. 720) : « Les tribunaux civils ne peuvent
que s'incliner devant le décret ou l'arrêt qui refuse à un établissement
public, en vertu du principe de la spécialité, l'autorisation d'accepter un
legs dont il a été gratifié; ils ne sauraient, quand bien même ils seraient
convaincus de la capacité de l'établissement institué, passer outre au défaut
d'autorisation et accorder audit établissement la délivrance du legs. Mais
ils sont compétents, malgré l'autorisation que l'établissement bénéficiaire
aurait obtenu de prendre les lieu et place de l'établissement institué, pour
apprécier le mérite de son intervention au point de vue du droit civil, et
décider si le legs doit ou non lui être délivré. Il serait donc intéressant de
savoir si le système qui tend à substituer l'établissement bénéficiaire à
l'établissement institué dans l'acceptation des legs faits à celui-ci est de
nature à recevoir l'approbation des tribunaux civils. *Il n'a pas encore été
soumis à leur appréciation, mais nous sommes persuadé qu'ils n'hésiteraient
pas, le cas échéant, à le condamner.* »

(19) M. Tissier dit encore (t. Iᵉʳ, p. 694) « Si le gouvernement refuse l'autorisation, le don ou legs est par cela même caduc; il n'y a plus matière
à aucun débat judiciaire, *l'on se trouve devant le néant.* » Voir également la
note nº 18.

titué, les héritiers du testateur, et eux seuls, peuvent faire prononcer la nullité du legs.

Il convient de remarquer aussi que l'avis de 1880 consacrant le principe de la liberté de la charité, bien que rendu après ce que l'on appelle l'*épuration du Conseil d'État*, est l'objet de violentes attaques. Le projet de la section de l'Intérieur, qui a tant ému l'opinion, est justement rédigé pour substituer à ces dispositions libérales un texte en harmonie avec la jurisprudence inaugurée en 1881 (20), et qu'un recueil spécial n'hésite pas à qualifier « de jurisprudence monstrueuse, qui, au mépris des volontés formelles des testateurs, confirmées non moins formellement par leurs héritiers, supprime comme lettres mortes des clauses essentielles qui devraient être scrupuleusement respectées, déchire les testaments et dépouille au profit d'établissements non désignés par les bienfaiteurs ceux qui avaient été l'objet de leur choix, de leur prédilection et de leur confiance exclusive (21). »

Nous allons reprendre une à une ces décisions et les examiner à la lumière des arrêts des tribunaux, arrêts souvent si contraires aux avis du Conseil d'État.

III. — DISCUSSION DE LA JURISPRUDENCE ACTUELLE DU CONSEIL D'ÉTAT

1º LES QUÊTES A DOMICILE

Dès l'origine du mouvement révolutionnaire, je l'ai rappelé au début de cette étude, la théorie de l'omnipotence de l'État en matière d'assistance inspire les législateurs ; elle reçoit son couronnement par les décrets du 24 vendémiaire et du 22 floréal an II : « Tout citoyen convaincu d'avoir donné à un mendiant aucune espèce d'aumône, est condamné par le juge de paix à une amende de la valeur de deux journées de travail ; l'amende devient double en cas de récidive. Les sommes ainsi perçues sont versées dans la caisse destinée à fournir des secours à domicile (22). »

Il est ouvert dans chaque département un registre dénommé : *livre de la bienfaisance nationale*, ont droit à leur inscription

(20) Voir aux annexes, sous les numéros VII et X, l'avis de 1880 et le projet de 1898.

(21) *Journal des Conseils de Fabrique*, année 1885, p. 3.

(22) Décret du 24 vendémiaire an II, titre 1er, art. 16.

sur ce livre les cultivateurs et artisans des campagnes, vieillards ou infirmes, les mères et les veuves chargées d'enfants.

On conçoit qu'avec un pareil système la charité individuelle se trouve annihilée, proscrite; l'Etat se charge de tout c'est à lui que vous devez verser l'argent destiné aux pauvres. Vous le conservez pour le distribuer vous-même! alors l'Etat ne vous inspire pas confiance! vous êtes suspect! position éminemment dangereuse quand les Jacobins sont au pouvoir. Si ce régime est en vigueur à l'heure présente, le Conseil d'Etat est logique en déclarant que les Bureaux de bienfaisance ont le droit exclusif de centraliser et de répartir les offrandes. Heureusement que cette hypothèse n'est pas fondée. Les décrets de l'an II, après avoir couvert le sol de ruines, ont été abrogés en l'an V; depuis cette époque, à côté de l'assistance officielle, la charité privée justifie la liberté *relative* dont elle jouit, ses œuvres, ses fondations se multiplient pour le plus grand bien des indigents.

Les lois municipales qui accordent au maire un pouvoir légitime de surveillance sur les lieux où le public s'assemble, ont en vue le maintien matériel de l'ordre et ne régissent d'aucune façon le point qui nous occupe (23).

Écoutons un jurisconsulte dont le nom fait autorité, M. Paul Pont, le regretté conseiller à la Cour de cassation; il répond vingt ans d'avance au projet élaboré par la section de l'Intérieur du Conseil d'État (24). « Le préfet de la Seine, dit-il, a méconnu, en 1877, les règles d'interprétation des textes lorsque, parlant des quêtes à domicile, il a déclaré que faites par d'autres que les Bureaux de bienfaisance elles sont assimilées purement et simplement à la mendicité à domicile et que les personnes qui s'y livrent s'exposent à des poursuites correctionnelles par infraction à l'article 275 du Code pénal. Cette appréciation est énergiquement condamnée et par la doctrine et par la jurisprudence. Il ne faut pas confondre,

---

(23) Loi du 5 avril 1884, art. 97. « La police municipale comprend..... § 3, le maintien du bon ordre dans les endroits où il se fait de grandes réunions d'hommes tels que les foires, marchés, réjouissances et cérémonies publiques, spectacles, jeux, cafés, églises et autres lieux publics.

(24) Administration générale de l'Assistance publique à Paris. Conseil de surveillance. Rapport de la Commission instituée pour examiner la question de savoir si les Bureaux de bienfaisance ont seuls le droit de quêter à domicile pour les pauvres. Membres de la Commission : MM. Ferry, président; Carcenac; Marbeau; Thivier; Paul Pont, rapporteur. In-4°, 8 pages, 1878.

écrit un éminent criminaliste (M. Faustin-Hélie), les actes de
mendicité avec d'autres faits qui ont avec ces actes une analogie plus
ou moins grande ; telles sont les quêtes qui sont faites au profit des
pauvres, non par les pauvres eux-mêmes, mais par des personnes
qui s'intéressent en leur faveur ; il ne peut exister à ce sujet aucun
doute. Et la Cour de cassation, continue M. Paul Pont, a consacré
cette doctrine par une série d'arrêts qui s'échelonnent de l'année
1808 à l'année 1858 (25), époque où tout étant fixé à cet égard,
on a dû cesser de porter la question devant elle. Attendu, a-t-elle
dit dans le dernier de ses arrêts, qu'aux termes des lois, l'autorité municipale ne peut réglementer par des arrêtés que ce qui
intéresse la sûreté, la salubrité publique, l'ordre, la viabilité, la
police des lieux publics, qu'une quête faite à domicile ne rentre
dans aucune de ces matières et ne peut y être assimilée ; que cet
acte en lui-même ne porte aucune atteinte à l'ordre public ; que,
s'il était l'occasion d'exigences ou de manœuvres frauduleuses,
il tomberait sous la répression de la loi pénale. Par ces motifs,
la Cour décide qu'il n'y a pas à tenir compte d'un arrêté municipal qui, sous prétexte de sauvegarder le droit prétendu exclusif
des Bureaux de bienfaisance, interdirait à tous la faculté de faire
des collectes. »

Nous conclurons, avec M. Paul Pont, « que cette faculté est un
droit naturel, ouvert à tous et que ni la loi, ni la raison, ni la
justice ne permettent de dire que l'exercice en appartient exclusivement aux Bureaux de bienfaisance (26). »

---

(25) Arrêts de cassation relatifs à ce sujet (cités dans le *Journal des
Conseils de Fabrique*, année 1890, p. 199) : 10 novembre 1808 ; 16 février 1834 ;
3 juin 1847 ; 1er août 1850 ; 3 août 1858 ; 14 juin 1884.

(26) Voir aussi : *Journal des Conseils de Fabrique* : 1re année, 1854, une
importante consultation de M. Hippolyte Roche ; 2e année, 1890, un jugement
du tribunal d'Auxerre, en date du 14 mai 1884 : 3e année, 1892 (p. 150), un
article de M. E. Labbé, professeur à la Faculté de droit, extrait du *Sirey*
Conclusions de M. Labbé : « Nous croyons que la liberté de la charité privée,
n'a d'autre limite que le respect des lois et de la morale sociale. Si les collectes étaient destinées à encourager le vice, à fomenter le désordre, à
secourir les criminels ou à prendre la charge de condamnations pécuniaires
qu'ils auraient encourues (Loi du 29 juillet 1881, art. 40), le gouvernement
aurait le droit d'y mettre obstacle et de sévir. La preuve acquise de la
malversation par les intermédiaires des fonds qui leur ont été confiés,
motiverait aussi l'application du droit pénal. *Entre ces limites extrêmes, la
liberté existe.* »

Voir également, aux pièces justificatives, n° IX, un arrêt de cassation
du 2 août 1897.

2º LES DROITS DES MINISTRES DU CULTE

Du moment que tout particulier a droit de quêter à domicile pour les pauvres, cette liberté ne saurait être déniée aux ministres du culte. Il est vrai que depuis 1789, où, par un euphémisme dû à l'esprit plein de ressources de Mirabeau, « les biens du clergé ont été mis à la disposition de la nation », ce même clergé n'est point tenu légalement de venir au secours des pauvres ; toutefois l'obligation morale et matérielle subsiste. Est-ce que le prêtre n'est pas, d'institution divine, le protecteur né des faibles et des petits ? Est-ce que, pour remplir sa mission, il ne doit pas, selon la vieille expression de nos pères, se montrer : *Pîteus des povres et des souffraiteus ?* Les partisans les plus déterminés de la bienfaisance légale seraient les premiers à lui jeter à la face de durs reproches s'il agissait autrement et les foules ne s'expliqueraient point cette apparente insensibilité.

Or, en France, le prêtre n'a nuls biens attachés à sa cure ; le casuel est en général extrêmement modique ; il reçoit une indemnité dérisoire, car le budget des cultes, représentant, on ne saurait trop le redire, la compensation promise en 1789 (27), est le seul budget en décroissance depuis vingt et un ans ! Enfin, le prêtre ne possède habituellement aucune fortune personnelle. Comment trouverait-il les ressources nécessaires pour accomplir sa mission charitable s'il ne pouvait s'adresser aux fidèles ?

En premier lieu, il peut, je le répète, comme tout citoyen, aller à domicile solliciter les offrandes ; est-ce tout ? Est-il réduit ensuite, suivant l'expression d'une lettre ministérielle du 11 mars 1838 (28) à attendre, dans son presbytère, « les aumônes

---

(27) Décret sur les biens ecclésiastiques (2 novembre 1789) : « L'Assemblée nationale décrète : 1º Que tous les biens ecclésiastiques sont à la disposition de la nation, à la charge de pourvoir, d'une manière convenable, aux frais du culte, à l'entretien de ses ministres et au soulagement des pauvres sous la surveillance et d'après les instructions des provinces ;

2º Que dans les dispositions à faire pour subvenir à l'entretien des ministres de la religion, il ne pourra être assuré à la dotation d'aucune cure moins de 1 200 livres par année, non compris le logement et les jardins en dépendans. » Promulgué le 3, sanctionné le 4 novembre 1790.

(28) Le ministre de l'Intérieur paraît même regretter, dans cette lettre, que l'on ne puisse pas interdire ces dons secrets, car il s'exprime ainsi : « ..... *On ne peut empêcher, sans doute, les curés de recevoir de la main à la main*..... « BÉQUET, *Régime et législation de l'assistance publique et privée en France*, in-8º, 1885, p. 244 en note.

que des personnes charitables peuvent lui verser en secret, de la main à la main, en lui laissant le soin d'en faire la distribution ? » Non. Ses droits sont tout autres ; il a la faculté, je devrais dire le devoir, de tendre la main aux fidèles dans son église. On prétendra vainement que les Bureaux de bienfaisance ayant reçu de la loi l'autorisation d'y faire des quêtes, cette facilité n'appartient qu'à eux seuls, qu'ils ont un véritable monopole. Je puis répondre avec M. Paul Pont : « L'arrêté de l'an XI leur prescrit aussi de faire procéder tous les trois mois dans leurs arrondissements respectifs à des collectes. Est-ce qu'en disant aux Bureaux de bienfaisance : Vous ferez ces collectes, le ministre a déclaré que personne autre n'en pourrait faire ? Est-ce qu'en prescrivant ce mode d'action à la charité publique, il l'a, par cela même et du même coup, enlevé à la charité privée ? »

Nous venons justement de constater le contraire et si les représentants des Bureaux de bienfaisance peuvent se croiser, dans l'escalier de nos habitations, avec les délégués des œuvres charitables, rien ne s'oppose à ce qu'ils se rencontrent sous les nefs de nos temples.

En effet, les Bureaux de bienfaisance et les maires qui n'ont pas qualité pour revendiquer le produit des souscriptions volontaires provenant de quêtes, kermesses, cavalcades au profit des pauvres, ne peuvent davantage s'approprier ce que le curé, maître dans l'église qu'il dessert, recueille par lui-même ou au moyen d'intermédiaires, au bénéfice des malades, des indigents, des œuvres paroissiales ou autres, et cela, en cas de contestations, d'accord avec son Évêque, le Bureau des marguilliers entendu (art. 75 du décret du 30 décembre 1809) (29).

---

(29) Lettre du ministre de l'Instruction publique et des Cultes au ministre de l'Intérieur, 31 juillet 1854 : « Si l'on consulte les lois et les décrets que je viens de rapporter, on n'y trouve aucune expression portant que le droit de quêter pour les pauvres appartient seulement aux Bureaux de bienfaisance ; les termes de ces dispositions sont *énonciatifs*, mais non pas *limitatifs*..... » Le ministre de l'Intérieur est naturellement d'un avis opposé. (*Journal des Conseils de Fabrique*, 1854-1855, p. 10.)

Un Bureau de bienfaisance est sans droit, comme sans qualité, pour revendiquer le produit d'une quête faite dans une église au profit des pauvres, par des personnes agissant avec l'agrément et sous la seule autorisation du curé, de ce que les administrateurs des Bureaux de bienfaisance ont le droit de faire par eux-mêmes des quêtes dans les églises il ne s'en-

Le tout sous la réserve de l'application de la loi sur la presse, art. 40 (30).

Comme le remarque fort justement M. Hippolyte Roche, dans une consultation insérée au *Journal des Conseils de Fabrique* (2ᵉ série, 1855-1856, p. 2), « les actes législatifs, en attribuant aux Bureaux de bienfaisance la faculté de quêter dans les églises, ont démembré ce droit inhérent au ministère sacerdotal; ils ont en quelque sorte autorisé une invasion dans le domaine ecclésiastique; mais si le droit ainsi établi au profit des Bureaux de bienfaisance n'est pas sujet à contestation, en présence des termes formels qui l'ont créé, il n'est pas moins certain que, pour détruire et effacer le droit antérieur, résultant pour le curé de la nature même de ses fonctions et de sa position spéciale dans son église, il faudrait un texte formel. Ce texte n'existe pas. On doit donc considérer comme subsistant, simultanément et parallèlement en cette matière, le droit du curé et celui du Bureau de bienfaisance. »

Nous arrivons aux dons et legs faits en faveur des pauvres par l'intermédiaire des ministres du culte. Cette question est l'objet de controverses sans nombre; il convient, pour la clarté du débat, de diviser le sujet.

1º *Legs considérés comme simples charges d'hérédité.* — Je suis heureux de constater que la jurisprudence du Conseil d'État, libérale sur ce point, est fortifiée par les décisions judiciaires. Nous dirons avec le tribunal de Toulouse (21 mars 1888) (31), « qu'une semblable disposition ne doit pas être considérée comme une libéralité proprement dite faite en faveur des pauvres, envisagés comme personne civile et dont le Bureau de bienfaisance serait en droit de revendiquer le bénéfice; qu'elle constitue simplement

---

suit pas qu'ils aient le monopole de la charité et le droit de distribuer ensuite les aumônes recueillies dans les temples. Jugement du tribunal de Saint-Lô, 23 juillet 1880; arrêt Cour de Caen, 12 janvier 1881; arrêt Cour de cassation, 21 mars 1883. (*Sirey*, 1884. I. p. 145.)

(30) Loi sur la presse, 29 juillet 1881, art. 40. « Il est interdit d'ouvrir ou d'annoncer publiquement des souscriptions ayant pour objet d'indemniser des amendes, frais et dommages-intérêts prononcés par des condamnations judiciaires en matière criminelle et correctionnelle. »

(31) *Revue des établissements de bienfaisance,* année 1888, p. 215. Voir aussi *Jugement du tribunal civil de Nantes,* 23 février 1885; même revue, 1885, p. 208.

une charge d'hérédité devant être exécutée dans les termes où elle est imposée par la testatrice.

» Que la pratique administrative, ainsi que la jurisprudence de la Cour de cassation, viennent à l'appui de cette interprétation; qu'elles distinguent, en effet, soigneusement les fondations faites au profit des pauvres et destinées à augmenter leur patrimoine, des simples distributions d'aumônes pour lesquelles le testateur s'en est remis, soit à son exécuteur testamentaire, soit à une personne de confiance, mieux à même que tout autre de connaître ses intentions et de s'y conformer. »

La Cour de cassation, par deux arrêts (Chambre des requêtes, 6 novembre 1888; Chambre civile, 5 juillet 1886), déclare qu'il est permis de faire une fondation perpétuelle par voie de simple charge d'hérédité. « Un pareil système, dit M. Tissier (I, p. 174), aboutit à la liberté absolue de fondations. » Les amis des pauvres ne peuvent que s'en réjouir.

2° *Legs constituant des fondations.* — Nous avons vu que, présentement, le Conseil d'Etat considère la clause de distribution des arrérages par un tiers comme illicite et passe outre, ou bien prononce la nullité du legs, si cette clause lui semble en avoir été la clause impulsive.

Divers tribunaux ont adopté la même doctrine (32). Ces décisions judiciaires qui ont le tort de s'appuyer, non sur des textes de loi, mais plutôt sur les derniers avis du Conseil d'Etat (33), sont contredits par d'autres décisions fortement motivées.

---

(32) Tribunal d'Évreux, 22 juin 1897 (*Revue des établissements de bienfaisance*, 1897, p. 302). Cour d'appel de Paris (1ᵣₑ Chambre), 20 et 27 juillet 1897 (même revue, p. 342). « Considérant, dit l'arrêt, que, dans ses avis des 13 avril, 7 et 13 juillet 1881, le Conseil d'Etat a proclamé le principe de la spécialité des établissements publics, en vertu duquel les Bureaux de bienfaisance ont seuls qualité, à l'exclusion, notamment, des Fabriques d'Eglise et des curés ou desservants, pour recevoir les libéralités faites aux pauvres et pour en administrer les revenus que, dans l'espèce, l'illégalité de la disposition attaquée, à raison de son affectation, est d'autant plus caractérisée que le testament spécifie que le curé usera à sa volonté et sans aucun contrôle de la part de qui que ce soit, des 300 francs de rentes à lui attribués aux fins sus rappelées. »

(33) La jurisprudence du Conseil d'Etat présente, d'ailleurs, ici de nombreux revirements. Un avis du 20 décembre 1820 (Tissier, t. Iᵉʳ, p. 505) attribue bien aux Bureaux de bienfaisance la tutelle des pauvres et l'administration de leurs biens; toutefois, considérant que, dans les actes de bienfai-

Le tribunal civil de Bayeux constate, le 16 mars 1838 (*Journal des Conseils de Fabrique*, année 1838-1839, p. 366), « qu'est valable et doit être exécutée la clause par laquelle un testateur désigne conjointement : le desservant, la Fabrique et le maire pour administrer et distribuer des legs faits aux pauvres ». Le 11 février 1845, la Cour de Douai (*Sirey*, 1845. 2. p. 275) décide, au sujet d'une libéralité analogue, « que les volontés du testateur doivent être respectées dans tout ce qu'elles n'ont pas de contraire à la loi, et que, par conséquent, les intérêts des capitaux légués doivent être remis aux ecclésiastiques désignés pour être distribués par leurs soins (34). »

Dans le même sens : Cour de Bordeaux, 26 juin 1845; Cour de Limoges, 28 janvier 1889. La Cour d'Amiens, 16 février 1893, (*Sirey*, 1893. 2. p. 253) reconnaît expressément qu'une œuvre cha-

---

sance, l'intervention des ministres de la religion doit être favorisée puisqu'elle ajoute aux effets salutaires de ces actes, il admet « que toutes les fois, par exemple, que dans un legs fait aux pauvres, le curé est chargé par le testament de faire la distribution des choses léguées, on doit avoir toujours soin, dans l'ordonnance d'autorisation, de dire que le Bureau de charité acceptera, mais que la distribution sera faite par le curé..... Que cette réserve concilie tous les motifs et toutes les considérations qu'on peut avoir en vue..... »

Le 15 février 1837 (Tissier, t. Ier, p. 508), le Conseil d'État est d'avis..... « que le droit d'intervenir dans la distribution des secours, lorsque le testateur en a manifesté l'intention, doit être accordé aux Consistoires, curés ou Fabriques..... » Plus tard règne le système de l'acceptation et de l'immatriculation conjointes (Tissier, t. Ier, p. 524). Un avis du 18 décembre 1867, relatif à des arrérages à distribuer par les soins des curés de diverses paroisses de Rouen, décide même que les titres de rentes resteront, il est vrai, confiés aux Bureaux de bienfaisance, mais sous la réserve : 1° de remettre les arrérages aux curés chargés de la distribution; 2° de délivrer à ces légataires des copies certifiées du testament et des titres de rentes. (*Journal des Conseils de Fabrique*, année 1867, p. 129.)

(34) Le ministre de l'Intérieur s'exprime ainsi le 7 avril 1866. Communiqué adressé à un journal : « Il est vrai que les Bureaux de bienfaisance représentent les pauvres et sont chargés, en général, de la distribution des secours qui leur sont destinés; mais il est vrai aussi que leur intervention se borne à percevoir le revenu des biens légués, lorsque le testateur a confié exclusivement à un tiers le droit d'en faire la répartition sans être tenu d'en rendre compte. Si ce droit était méconnu, l'annulation des dispositions testamentaires pourrait être prononcée par les tribunaux à la demande des héritiers, et, dans ce cas, les pauvres perdraient le bénéfice des libéralités qui leur étaient attribuées. » (*Journal des Conseils de Fabrique*, 1865-1866, p. 223.)

ritable rentre dans les attributions d'un évêché, et, le 21 avril 1898, la Cour de cassation rejette un pourvoi formé contre un arrêt de la Cour de Lyon, établissant que, si des termes du testament, il résulte que le testateur a voulu que les sommes léguées (10 000 fr.) soient immédiatement distribuées par l'intermédiaire du curé de la paroisse qui, du reste, seul peut le faire, les pauvres gratifiés étant ceux-là seulement qui sont connus de lui, CE MODE DE DISTRIBUTION N'A RIEN DE CONTRAIRE AUX LOIS, et que le curé, dans ce cas, est fondé à demander au Bureau de bienfaisance remise des sommes léguées pour en faire la distribution, conformément à la volonté du testateur (35). (*Revue des établissements de bienfaisance*, 1896, p. 268, et 1898, p. 173.)

Maintenant se pose une seconde question. Comment les arrérages doivent-ils être distribués? Les tiers désignés sont-ils obligés de rendre compte aux Bureaux de bienfaisance?

Un jugement interprétatif du tribunal de Pau, 4 novembre 1897, (*Revue des établissements de bienfaisance*, 1898, p. 50), considère « que la disposition d'un jugement ordonnant la délivrance, au profit du Bureau de bienfaisance, d'un legs fait aux pauvres d'une commune et prononçant la validité d'une clause du testament aux termes de laquelle la somme léguée serait distribuée à deux époques déterminées de chaque année par un membre de la famille du testateur, ne doit pas s'entendre en ce sens que le parent chargé de la distribution la ferait à tels pauvres qu'il lui plairait de choisir et dans des proportions dont il serait seul juge, sans avoir à rendre compte de cette distribution ni à fournir de pièces justificatives. Cette disposition doit, au contraire, s'entendre en ce sens que la somme léguée doit être distribuée par le membre de la famille *d'après la répartition arrêtée par la Commission administrative du Bureau de bienfaisance.* »

On ne saurait admettre une telle interprétation des volontés d'un testateur; ce que les bienfaiteurs veulent, en insérant dans leurs dernières dispositions une clause semblable, c'est évidemment laisser aux intermédiaires désignés une liberté d'action en harmonie avec les idées qu'eux, bienfaiteurs, professaient de leur

---

(35) A Paris, l'administration de l'Assistance publique a, bien des fois, et tout récemment encore, transigé de cette manière. Le gouvernement a approuvé ces transactions. Arrêt de la Cour d'appel de Paris, 23 janvier 1891. (*Revue des établissements de bienfaisance*, 1891, p. 171.)

vivant. C'est ce qui a été décidé par divers arrêts parlant d'états sommaires, de justifications générales sans détail, et, ce qui est fort important, considérant comme légale la dispense de toute justification (36). La Cour d'appel de Limoges, 28 janvier 1889 (*Revue des établissements de bienfaisance*, 1891, p. 298), mentionne même un avis du ministre des Cultes établissant que « l'insertion au testament d'une clause qui dispense le curé distributeur de toute reddition de compte n'est pas nécessaire pour que l'ecclésiastique chargé de la distribution aux pauvres se trouve, en réalité, soustrait à tout contrôle du Bureau de bienfaisance ou du Conseil municipal, la mission de distribuer aux pauvres le produit d'un legs ou d'une donation est de toute confiance et ne peut s'exercer réellement et en liberté qu'autant qu'elle comporte avec elle et de plein droit une dispense de contrôle et de reddition de comptes; *la disposition par laquelle les curés chargés de distributions charitables se trouvent expressément dispensés de tout contrôle est dès lors superflue : elle est la conséquence nécessaire et forcée du droit de distribution.* »

Il n'y a rien à ajouter à cette vérité dont la passion seule peut chercher à obscurcir l'éclat.

3° DE LA VOCATION CHARITABLE DES FABRIQUES

Les articles, dits organiques, du Concordat (37), promulgués le 18 germinal an X, portent, article 76 : « Il sera établi des Fabriques pour veiller à l'entretien et à la conservation des temples, *à l'administration des aumônes* ». Que faut-il entendre

---

(36) Cour de Caen, 23 octobre 1888. (*Revue des établissements de bienfaisance*, 1888, p. 366.) Cour d'appel de Grenoble, 29 juillet 1886. (Même *Revue*, 1887, p. 298) : Lorsqu'un évêque a été autorisé à accepter un legs universel à lui fait, à la charge d'établir dans une propriété dépendant de la succession une fondation de femmes pieuses, qui devront donner la première instruction aux enfants pauvres de la paroisse, comme aussi visiter et secourir les pauvres du lieu. mais avec dispense d'avoir aucun compte à rendre, il suffit que l'évêque fournisse chaque année, sur la demande du Bureau de bienfaisance, un état sommaire des sommes qui ont été à sa disposition pour les secours aux pauvres et de celles qui ont été employées à cet usage.

(37) Est-il utile de rappeler ici que l'autorité ecclésiastique n'a eu aucune part à la rédaction de ces articles. qu'elle en repousse nettement un certain nombre. Les arguments tirés de cette loi purement civile du 18 germinal n'ont que plus de force dans la question qui nous occupe.

par le mot « AUMÔNES » ? « les uns soutiennent que l'aumône est ce que l'on donne pour les pauvres, et ils en concluent que les Fabriques sont habiles à recevoir des dons et legs dans l'intérêt des indigents. Les autres disent que, par aumône, les auteurs de l'article 76 ont voulu simplement désigner ce que l'on donne pour les frais du culte ou l'entretien des églises, et que, par suite, ils n'ont pas eu l'intention d'attribuer aux Fabriques une vocation charitable (38). »

Le débat commence au lendemain même de la publication des articles organiques, et il n'est pas prêt de finir. Je vais exposer les arguments respectifs des belligérants.

Le 11 frimaire an XII, Portalis, chargé des cultes, consulté par l'évêque d'Autun au sujet d'une donation de 3,000 fr. à faire aux pauvres, lui répond (39) : « Je vois par votre lettre que le donateur n'aurait pas une grande confiance dans la commune, et vous me demandez, en conséquence, par qui ce don pourrait être accepté ; vous indiquez la Fabrique. Je n'hésite point à croire que la Fabrique a, pour accepter la libéralité dont il s'agit, toute la capacité que pourrait avoir la commune..... Par les articles organiques du Concordat, les Fabriques sont spécialement désignées pour recevoir et administrer les *aumônes*. L'objet de leur établissement se rapporte donc autant au bien des pauvres qu'à l'utilité des églises. Ici le mot *aumône* n'est pas une expression limitée à une distribution annuelle de deniers, il comprend tous les legs pieux que la charité destine ou peut destiner au soulagement du malheur ou de la misère. »

Mais si la direction des Cultes pense ainsi, la direction de l'Intérieur soutient au contraire que les établissements de bienfaisance ont seuls le droit de représenter les pauvres et d'accepter les libéralités charitables. En 1806, M. de Champagny place même un considérant de cette nature en tête d'un projet de décret relatif aux quêtes dans les églises. Portalis s'émeut et adresse à l'empereur ce fameux rapport du 16 avril si souvent cité et qui développe sa réponse à l'évêque d'Autun (40). Aucune suite n'est donnée au projet présenté (41), et le décret du 12 septembre 1806

---

(38) TISSIER, *op. cit.*, t. Ier, p. 497.
(39) TISSIER, *op. cit.*, t. Ier, p. 497-498.
(40) Voir le texte de ce rapport aux pièces justificatives, n° III.
(41) TISSIER, *op. cit.*, t. Ier, p. 501.

préparé par Portalis ne contient rien qui puisse favoriser les prétentions du ministère de l'Intérieur.

Trois années se passent, le décret du 30 décembre 1809 sur les Fabriques reproduit les dispositions des articles organiques.

ART. 1er. « Les Fabriques, dont l'article 76 de la loi du 18 germinal an X (8 avril 1802) a ordonné l'établissement, sont chargées de veiller à l'entretien et à la conservation des temples ; d'administrer les aumônes et les biens, rentes et perceptions autorisées par les lois et règlements ; les sommes supplémentaires fournies par les communes, et généralement tous les fonds qui sont affectés à l'exercice du culte..... »

La lutte reprend plus vive que jamais entre l'administration des Cultes et celle de l'Intérieur, pour durer autant que le premier Empire (42).

Sous la Restauration, ces deux services dépendent du même ministère, aussi M. Tissier constate-t-il avec un certain sentiment de regret (t. Ier, p. 503) « que cette fusion est faite au profit des établissements ecclésiastiques et au détriment des établissements de bienfaisance ; car, ajoute cet auteur, le ministre de l'Intérieur répudie la doctrine de Chaptal et de Champagny pour adopter celle de Portalis ». Le Conseil d'État résiste cependant, et, le 20 décembre 1820 (Tissier, t. Ier p. 505), il déclare que les lois ont attribué aux Bureaux de bienfaisance la tutelle des pauvres et l'administration de leurs biens, tandis « que rien de semblable ne se trouve dans les attributions des Fabriques qui ne sont instituées que

---

(42) M. Béquet et M. Tissier (t. Ier, p. 502-507) racontent à ce sujet l'anecdote suivante : « Une demoiselle Roussel, demeurant à Nomény (Meurthe), avait fait en faveur des pauvres de cette commune un legs de 3950 francs à charge de distribution par le curé. Le Conseil d'Etat fut saisi de deux projets de décret, préparés l'un par le ministre de l'Intérieur, et l'autre par le ministre des Cultes. Le premier tendait à faire accepter la libéralité par le Bureau de bienfaisance, et le second disposait que l'acceptation serait faite par la Fabrique. Appelé à choisir entre ces deux projets, le Conseil d'Etat émit, le 6 juillet 1813, un avis favorable à celui qu'avait élaboré le ministre de l'Intérieur. Napoléon était alors en Allemagne et avait laissé ses pouvoirs à l'impératrice Marie-Louise et à l'archichancelier Cambacérès ; néanmoins, l'avis du Conseil d'Etat fut envoyé à l'empereur qui l'approuva à Dresde le 5 août 1813. Mais le ministre des Cultes, battu au Conseil d'Etat, avait pris les devants, et, le 10 juillet 1813, il avait fait sanctionner par l'impératrice-régente le projet de décret qu'il avait rédigé et qui autorisait la Fabrique de Nomény à accepter le legs. La décision de l'empereur arrivait trop tard. »

pour l'administration des frais du culte ». Cette jurisprudence s'accentue : avis des 6 juillet 1831, 15 février 1837, 4 mars 1841. Mais le Conseil admet que les legs, une fois acceptés par les Bureaux de bienfaisance, ceux-ci doivent, lorsque le testateur l'exige, faire intervenir pour la distribution les établissements intermédiaires désignés. C'est dans le même ordre d'idées que les avis de 1863 considèrent *l'immatriculation conjointe* comme la conséquence logique de *l'acceptation conjointe*. (TISSIER, t. Ier, p. 524.)

Enfin, le Conseil, issu du vote de l'Assemblée nationale à la suite de la loi du 24 mars 1872, reprenant l'interprétation de Portalis, décide, par un avis de principe délibéré les 27 février et 6 mars 1873 (au rapport de M. Marbeau) : « qu'aucune loi ne s'oppose à ce que les Fabriques puissent recueillir seules des libéralités ayant une destination charitable, qu'il y a lieu de rechercher dans chaque espèce quelle a été l'intention du testateur et d'apprécier quelles sont les mesures à prescrire pour en mieux assurer la fidèle exécution. Qu'en conséquence, une Fabrique peut être autorisée à accepter seule et sans l'intervention du maire ou du Bureau de bienfaisance des sommes destinées à être distribuées aux pauvres par les soins des membres de la Fabrique ou du curé (43)..... » La même jurisprudence est appliquée aux fondations scolaires (24 juillet 1873).

Cette solution libérale dure peu ; le 10 novembre 1879, le ministre de l'Intérieur et des Cultes (Lepère) demande au Conseil d'État d'étudier à nouveau la question. « Par ses avis des 6 mars, 24 juillet 1873, dit-il (TISSIER, t. Ier, p. 574), le Conseil d'Etat a inauguré une jurisprudence nouvelle et en contradiction avec les principes que jusqu'alors il avait affirmés et défendus avec autant d'énergie que de persévérance.

» ..... Cette innovation, a dès ses débuts, préoccupé l'opinion publique. Elle a été accueillie avec défaveur dans un pays qui

---

(43) Voir aux pièces justificatives, n° VI, le texte de cet avis étendu aux Conseils presbytéraux, aux Consistoires protestants et israélites. Il n'y a pas lieu de s'arrêter à la partie de l'avis qui autorise le maire à accepter le bénéfice des legs ; cette solution pouvant prêter à controverse, surtout depuis la loi du 15 juillet 1893, est distincte de la vocation charitable des Fabriques. Conférer à ce sujet la discussion du projet de loi concernant la représentation des pauvres et l'administration des établissements d'assistance (Sénat, séance du mardi 15 novembre 1898).

ne voit pas sans une légitime appréhension l'accroissement continu des biens de mainmorte.....

« J'ai fait relever, année par année, le montant des dons, legs, acquisitions ou rétrocessions autorisées grâce à la latitude ouverte par la jurisprudence nouvelle. Il est aisé d'y voir quelle masse considérable de biens se trouve ainsi retirée annuellement de la circulation. Les conséquences au point de vue administratif sont plus graves encore..... »

A la suite de ce rapport, le Conseil d'Etat, par trois avis des 13 avril et 13 juillet 1881, retourne à l'ancienne doctrine et enlève aux Fabriques, ainsi qu'aux Consistoires, le droit de recevoir des libéralités en faveur des écoles ou des pauvres. Tel est le dernier mot de la haute Assemblée (44).

Diverses décisions judiciaires, s'appuyant sur ces avis, concluent dans le même sens ; il suffira de citer : Tribunal de Lavaur, 31 décembre 1889 (TISSIER, t. Ier, p. 729) ; Tribunal de Lodève 31 juillet 1890. (TISSIER t. Ier, p. 728) ; Cour de Toulouse, 4 novembre 1890 (*Revue des établissements de bienfaisance*, 1890, p. 367) Cour de Riom ; 11 juin 1895 (*Journal des Conseils de Fabrique*, 1895, p. 276) ; Cour de Nîmes, 11 février 1897 (*Revue des établissements de bienfaisance*, 1897, p. 312).

Mais quand la désignation de la Fabrique ou du Consistoire paraît au tribunal être la cause impulsive de la libéralité, le legs est déclaré nul (Cour de Nîmes, 19 janvier 1898, *Revue des établissements de bienfaisance*, 1898, p. 202) (45).

On remarquera que les défenseurs de la liberté de la charité sont seuls, de l'an XII à 1873, à employer des arguments, à rappeler les précédents historiques ; leurs adversaires procèdent par affirmations tranchantes. Cependant, comme ici les solutions les plus divergentes s'appuient sur les mêmes textes, il faut reconnaître que ces textes ne sont pas par eux-mêmes aussi concluants dans le sens du monopole des Bureaux de bienfaisance que vou-

---

(44) Pièces justificatives, n° VIII. Texte de l'avis du 13 juillet 1881.

(45) ..... Attendu que la testatrice..... connaissait l'existence du Bureau de bienfaisance, dont le caractère essentiellement laïque contraste avec les œuvres confessionnelles précitées ; qu'elle a donc dû, en écrivant ses dernières volontés, faire un choix réfléchi, et qu'en léguant formellement au Consistoire (protestant) elle a par là même exclu le Bureau de bienfaisance..... Dit en conséquence que le Bureau de bienfaisance de Nîmes est sans qualité pour revendiquer la délivrance dudit legs devenu caduc..... »

draient le faire croire les conseillers d'Etat de 1831 ou de 1881. Il
est donc loisible, sans leur manquer de respect, de discuter leurs
avis et d'en contester le bien fondé.

Les avis de 1873, est-il nécessaire de le dire, sont vivement
critiqués ; des auteurs vont jusqu'à leur accoler l'épithète *d'anti-
juridiques*. Je ne me reconnaîtrais pas le droit de trancher
le débat si je ne pouvais m'appuyer, pour repousser une pareille
expression, sur l'autorité de M. Paul Pont. Après avoir, dans le
mémoire cité plus haut, reproduit les principaux passages de
l'avis du 6 mars 1873, il ajoute : « Nous n'avons pas à insister
sur ce point, et spécialement sur l'interprétation de Portalis à
laquelle il est fait allusion dans CETTE DÉCISION SI JUSTE ET SI ÉMI-
NEMMENT JURIDIQUE. »

Les adversaires de la vocation charitable des Fabriques ont cher-
ché à tirer argument de ce fait que le décret du 30 décembre 1809
ne mentionne aucune recette de cette nature à insérer au budget
de ces établissements, alors que l'article 36 énumère 11 sources de
revenus. Cet argument ne porte pas ; il est certain, en effet, que
les Fabriques ont été rétablies principalement pour s'occuper des
questions relatives au culte. S'ensuit-il qu'elles ont perdu par
cela même la possibilité de venir en aide aux pauvres, dans certains cas déterminés ? La loi ne le dit nulle part. Ces fondations
charitables, qui sont souvent l'annexe de services religieux (46),
peuvent trouver place sous la rubrique 2 de l'article 36 : « Produit
des biens, rentes et fondations qu'elles ont été ou pourront être par
nous autorisées à accepter ». Quelle difficulté peut s'élever à ce
sujet, puisque, en vertu du Code civil (art. 910-937), ces fondations
ne s'établissent que moyennant un acte gouvernemental.

Ces recettes spéciales seraient même susceptibles de figurer
aux comptes hors budget par assimilation aux règles de la comptabilité générale (47) ; manière de procéder qui ne pourrait être

---

(46) Décret du 19 septembre 1807 autorisant une Fabrique à accepter la
fondation de divers services religieux et d'une distribution annuelle de
30 francs de pain aux pauvres (*Journal des Conseils de Fabrique*, 1887,
p. 299).

(47) Art. 1102 à 1111 de l'instruction sur la comptabilité générale. Les
receveurs municipaux ou d'hospices peuvent avoir à recouvrer des sommes
qui n'intéressent pas directement la commune ou l'établissement hospita-
lier (deniers pupillaires, fonds appartenant à des aliénés internés, etc.) ; elles
sont alors classées parmi les opérations hors budget.

contestée par les pouvoirs publics, puisque le décret si récent du 23 mars 1893 prétend obliger les trésoriers de Fabrique à agir ainsi pour la partie des oblations que l'article 65 de la loi du 18 germinal an X autorise le clergé à percevoir directement (48).

Aussi, conclurons-nous après Portalis et le Conseil d'Etat de 1873 : qu'en vertu de leur vocation légitime et traditionnelle, alors qu'aucune loi ne s'y oppose, les Fabriques peuvent recueillir des libéralités charitables. Cette solution est, du reste, si peu illégale, que tous les Gouvernements, depuis l'an X, ont sur la conscience des décrets rédigés dans ce sens.

Est-ce que d'ailleurs la loi du 1er août 1879 n'accorde pas à chaque Synode particulier de la confession d'Augsbourg la faculté de délibérer sur toutes les questions qui intéressent l'administration, le bon ordre ou la vie religieuse, *sur les œuvres de charité*, d'éducation et d'évangélisation, ÉTABLIES PAR LUI ou placées sous son patronage (49)? Il est difficile de concilier ce texte si explicite avec la jurisprudence du Conseil d'Etat qui ne reconnaît pas d'une manière générale la vocation charitable des Conseils presbytéraux et des Consistoires, alors que « le Synode

---

(48) Art. 33 de l'instruction sur la comptabilité des Fabriques (1893) : « Lorsque les droits dus à l'occasion des cérémonies du culte sont encaissés directement par le comptable, il porte immédiatement en recette budgétaire la part qui revient à la Fabrique, et *en recette au compte ouvert dans les services hors budget* la part à répartir entre le clergé et les serviteurs de l'Eglise. »

(49) Loi qui modifie l'organisation de l'Eglise de la confession d'Augsbourg, 1er août 1879 (*Officiel* du 2 août).

Titre II des conseils presbytéraux..... Art. 7. Chaque Eglise qui ne forme pas à elle seule un Consistoire a un Conseil presbytéral composé du pasteur ou des pasteurs de la paroisse et d'un nombre d'anciens déterminé par le Synode particulier..... Art. 10. Le Conseil presbytéral est chargé de veiller à l'ordre, à la discipline et au développement religieux de la paroisse, à l'entretien et à la conservation des édifices religieux et des biens curiaux. *Il administre les aumônes* et ceux des biens et revenus de la communauté qui sont affectés à l'entretien du culte et des édifices religieux.....

Titre IV des Synodes particuliers. Art. 15. Les circonscriptions réunies de plusieurs consistoires forment un Synode particulier. Art. 16. Le Synode particulier se compose de tous les membres des Consistoires du ressort..... Art. 19. Le Synode délibère sur toutes les questions qui intéressent l'administration, le bon ordre ou la vie religieuse, sur les œuvres de charité, d'éducation et d'évangélisation établies par lui ou placées sous son patronage..... Art. 20. Dans l'intervalle de ses sessions, le Synode est représenté par une Commission prise dans son sein et nommée par lui.

particulier se compose de tous les membres des Consistoires du ressort ».

En Algérie, et jusqu'à ces derniers temps, les Consistoires israélites ont eu à leur disposition des perceptions ayant pour base la tradition religieuse, et qu'ils devaient appliquer à l'assistance des Israélites indigents. Le décret du 23 août 1898 ne les a dépouillés en réalité de ces revenus, versés maintenant dans la caisse des Bureaux de bienfaisance, que parce qu'ils ont été accusés de faire servir cet argent à des campagnes électorales (50).

4° DES CONGRÉGATIONS, COMMUNAUTÉS
ET ÉTABLISSEMENTS RECONNUS D'UTILITÉ PUBLIQUE

Les Congrégations, communautés, établissements ou œuvres reconnus d'utilité publique, dont le gouvernement a approuvé les statuts, peuvent recevoir des dons et legs. La règle posée par le Conseil d'Etat que ces personnes morales ne doivent être autorisées à accepter ces libéralités « qu'en vue de la mission spéciale qui leur est confiée par les lois et règlements et dans la limite des attributions qui en dérive », est sage, en elle-même, comme ligne de conduite administrative ; c'est ce qu'on appelle le *principe de la spécialité* (Tissier, t. Ier, p. 494). Mais la haute Assemblée sort complètement des régles de l'équité lorsqu'elle fait régner en cette matière le régime du bon plaisir.

Le Conseil refuse, par exemple, aux Sœurs de Charité l'autorisation d'accepter un legs destiné au payement de secours de loyer, sous ce prétexte étrange que, d'après leurs statuts, ces Sœurs, étant

---

(50) Rapport du garde des Sceaux (Sarrien), 21 août 1898..... Des perceptions qui ont leur base dans la tradition religieuse, particulièrement la taxe dite « droit du couteau », établie sur la viande immolée selon les rites ou « viande Kascher », mettent à la disposition de ces Consistoires des sommes considérables dont ils font principalement usage pour l'assistance des israélites indigents. Ils font ainsi fonction de Bureau de bienfaisance à l'égard d'une partie considérable de la population du département..... Art. 7 du décret. « Le produit des taxes sur les denrées continuera d'être perçu par les Consistoires ou communautés israélites. Après déduction des sommes reconnues nécessaires aux frais de perception, au traitement des employés, notamment du schohel, et aux frais généraux d'administration du Consistoire, ce produit sera versé à la caisse du Bureau de bienfaisance, avec affectation spéciale à l'assistance des israélites indigents. » (*Journal officiel* du 25 août 1898.)

enseignantes et hospitalières, les secours, sous cette forme spéciale, ne rentrent pas dans le cercle de leurs attributions. (Avis, 29 janvier 1890, Tissier, *op. cit.*, t. Ier, p. 675.)

Le Conseil autorise des Fabriques à bénéficier de libéralités affectées à l'habillement des enfants pauvres de la Première Communion, aux dépenses des catéchismes préparatoires à ce grand acte religieux, et il refuse, lorsqu'il s'agit de catéchismes de persévérance ou d'œuvres destinées à favoriser le recrutement du clergé (51).

Je puis citer un avis enlevant à une Congrégation le bénéfice d'une disposition testamentaire parce que lès Sœurs qui la composent sont simplement vouées à la vie contemplative « et qu'il ne paraît pas utile d'augmenter leur dotation (52) ». Je le répète, l'arbitraire le plus absolu préside à nombre de ces refus, d'autant plus regrettables que les œuvres ou établissements reconnus, ainsi frustrés, n'ont aucun recours légal contre la mesure adoptée à leur égard.

Les choses en sont venues au point que M. Tissier n'hésite pas (t. I p. 744) à reconnaitre que les développements donnés au principe de la spécialité l'ont rendu tellement vague et inconsistant qu'ils l'ont discrédité dans une certaine mesure..... « En en amplifiant chaque jour les effets, on justifie, ajoute-t-il, les scrupules que les tribunaux judiciaires éprouvent à admettre qu'il influe sur la valadité des dons et legs adressés aux établissements publics ou d'utilité publique. »

CONCLUSIONS

Il y a une dizaine d'années, un fonctionnaire terminait par ces mots un article de Revue, dans lequel il gourmandait le Conseil d'Etat de sa faiblesse : « Il importe surtout que les pouvoirs publics répriment chez leurs auteurs tous les empiétements du clergé sur les attributions des Bureaux de bienfaisance et maintiennent à ces établissements le droit exclusif de faire dans les

---

(51) Note de la section de l'Intérieur, 25 janvier 1887. Avis, 13 mars 1890 Tissier, *op. cit.*, t. Ier, p. 613 et 617.)

(52) Tissier, *op. cit.*, t. Ier, p. 343, Carmélites de Gravigny. Avis de la section de l'Intérieur, 7 mars 1882.

églises des quêtes de charité, CAR IL S'AGIT ICI DE L'INTÉRÊT SACRÉ DES PAUVRES (53). »

L'intérêt sacré des pauvres ! Je suis confus d'avoir à démontrer, tellement c'est l'évidence même, que les mesures ainsi préconisées ont pour effet de le compromettre de la manière la plus grave. Les théories jacobines de l'Etat-Providence, centralisant toutes les aumônes, mises en pratique de 1791 à l'an V, n'ont-elles pas amené la ruine de tous les asiles ouverts à la vieillesse et à la maladie ? Bonaparte, premier consul ou empereur, Chaptal, Portalis, essayant de remédier au mal, n'entrevoient qu'un seul remède : l'affranchissement de la charité, l'accord entre l'idée religieuse et l'assistance officielle.

Comment oublier les paroles si vraies de Portalis : « La bienfaisance souffle comme elle veut et où elle veut; si vous ne la laissez pas respirer librement, elle s'éteindra ou elle s'affaiblira dans la plupart de ceux qui sont disposés à l'exercer. Loin de lui prescrire des limites et des conditions imprudentes, il faut lui ouvrir toutes les voies..... »

Plus tard, il suffit au Conseil d'Etat de 1873 d'enlever une partie des entraves de la charité privée pour provoquer une merveilleuse éclosion de libéralités, dont on trouve la trace dans le rapport du ministre Lepère.

Napoléon favorise les Ordres de femmes vouées au soulagement de la misère; il approuve leurs statuts et convoque à Paris, sous la présidence de sa mère, les déléguées de 65 communautés charitables (décret du 30 septembre 1807). « Sur le compte qui nous a été rendu, dit-il, des avantages qui résultent pour nos peuples de l'institution des Sœurs de Charité et autres établissements consacrés au service des malades et des pauvres; reconnaissant avec satisfaction que ces utiles et précieuses associations ont répondu à notre attente et aux encouragements que nous leur avons accordés jusqu'à ce jour et désirant en étendre le bienfait à toutes les parties de notre empire, nous avons décrété ce qui suit :

ARTICLE PREMIER. — Il sera tenu un Chapitre général des établis-

---

(53) Des quêtes faites au profit des pauvres dans les édifices religieux par Frédéric Ladrat, secrétaire général de la préfecture du Gard ; extrait de la *Revue générale d'administration*. Paris, 1889.

sements des Sœurs de Charité et autres consacrées au service des pauvres.

Art. 2. — Ce Chapitre se tiendra à Paris dans le palais de Madame, qui présidera ledit Chapitre, assistée de notre grand aumônier; l'abbé de Boulogne, notre aumônier, fera les fonctions de secrétaire.

Art. 3. — Chaque établissement enverra à ce Chapitre un député, ayant connaissance particulière de la situation, des besoins et du nombre de chaque maison.

Art. 4. — Ce Chapitre sera invité à faire connaître ses vues sur les moyens les plus propres à étendre ces institutions, *de manière à ce qu'elles fournissent à la totalité des établissements consacrés aux malades et aux pauvres..... »*

S'adressant à ces déléguées des Congrégations, l'abbé de Boulogne s'écrie dans le discours d'inauguration : «..... Recevez ici toutes les actions de grâces qui vous sont dues au nom de la Religion que vous honorez, au nom de l'Etat que vous servez, au nom de tous les gens de bien, de tous les pères de famille, de tous les citoyens jaloux de la gloire, des mœurs et du bonheur de la patrie; au nom enfin de votre Souverain qui, pour payer vos soins et vos services, ne se croit pas assez riche de toute sa puissance..... »

Et que répond, le 4 février 1808, le maître d'une partie de l'Europe au rapport qui lui est présenté par sa mère? « Toutes les maisons que les députés ont demandées, tous les secours de premier établissement et secours annuels que vous avez jugé convenable de demander seront accordés. Je suis même disposé à leur faire de nouvelles et plus grandes faveurs, toutes les fois que les différents chefs des maisons seconderont de tous leurs efforts et de tout leur zèle le vœu de mon cœur pour le soulagement des pauvres, et en se dévouant, avec cette charité que notre sainte religion peut seule inspirer, au service des hôpitaux et des malheureux..... (54) »

En 1809, le Conseil d'Etat soumet à l'empereur un projet de décret qui place toutes ces Congrégations sous la protection de Madame; le préambule renferme les passages suivants : « Nous

---

(54) *Etrennes religieuses pour l'année 1809;* petit in-8°, 176 pages. Lyon, Rusand, et à Paris, 1809. De l'an IX à 1813, le *Bulletin des lois* contient nombre de décrets approuvant les statuts de communautés charitables.

aurions éprouvé qu'en accueillant leurs demandes il en serait
résulté le plus grand bien ; que dans les hospices où les Sœurs
hospitalières ont été rappelées, on trouve, plus que dans les
autres, la propreté, le zèle et l'affection pour les malades ; qu'il
est une classe nombreuse de pauvres qui, dans leur domicile,
souffriraient encore plus de l'indigence ou des infirmités, s'ils
n'étaient visités et secourus par des femmes hospitalières (55). »

Il a été dit bien souvent que sous la Restauration les ministres
du culte avaient été appelés, pour la première fois depuis 1794,
à faire partie des Bureaux de bienfaisance, c'est une erreur. Un
arrêté ministériel du 12 août 1813, signé : Montalivet, réorgani-
sant les 12 Bureaux de la capitale, établit (art. 2) qu'ils seront
composés : « du maire de l'arrondissement, président-né, des
adjoints, du curé de la paroisse, des desservants des succursales,
des ministres des temples et des synagogues situés dans l'arrondissement municipal, de douze administrateurs amovibles ».

De tout ce qui précède, nous pouvons connaître l'état d'âme
des rédacteurs des arrêtés ou décrets de l'an XI à 1809. Ils
accordent aux représentants officiels des pauvres des privilèges
parce qu'en même temps, et à titre de réciprocité, ils tiennent
à faire pénétrer la charité religieuse dans ces Corps administratifs, chargés des secours à domicile.

Cette ligne de conduite si sage, si conforme à l'intérêt véritable
des pauvres, est-ce celle qui est suivie actuellement ?

Ne voyons-nous pas trop souvent, hélas ! la religion bannie, les
Sœurs hospitalières expulsées, les subsides refusés aux malheureux qui ont l'audace d'envoyer leurs enfants aux écoles libres.
Ces faits ne sont-ils pas connus de tous ? Ne frappent-ils pas nos
yeux dans nombre de grandes villes ?

Est-ce là, je le demanderai aux esprits même les plus pré-
venus, ce qu'avait voulu le législateur, au sortir des tempêtes
révolutionnaires ?

Faut-il s'étonner que les pauvres souffrent de cette situation,

---

(55) Archives nationales, A. F., IV plaquette 2645, nº 1. Ce projet, approuvé
par l'empereur (il porte son visa), a été ensuite modifié et abrégé. Dans le
texte définitif, le préambule est remplacé par ces mots : « Voulant donner
une preuve spéciale de notre protection aux maisons hospitalières. » Les
constatations du projet primitif n'en subsistent pas moins, et il était bon
de les rappeler.

et qu'à Paris, notamment, le produit des quêtes faites à domicile par les Bureaux de bienfaisance subisse une diminution aussi rapide que constante.

Le pacte conclu au commencement de ce siècle a-t-il été tenu? Et si, poussant l'entreprise jusqu'à ses dernières limites, le Conseil d'Etat prétendait revendiquer, au profit des établissements publics d'assistance, les aumônes versées par les fidèles, lorsque les délégués des Bureaux de bienfaisance laïcisés se présenteraient dans nos églises, une bourse à la main, armés des décrets impériaux disant : « nous seuls avons ici le droit de quêter pour les indigents » ; ne serions-nous pas fondés à leur répondre :

Ces décrets, ils ne vous ont jamais conféré de monopole ; ils vous avaient seulement accordé un privilége à charge d'obligations corrélatives. Il y a eu un contrat moral. Ce contrat, comment l'exécutez-vous? Qu'avez-vous fait de nos Sœurs de Charité? Quel esprit d'équité vous guide quand les malheureux qui recourent à vous se montrent soucieux de l'âme de leurs enfants? Le contrat signé en l'an XI, en 1806, en 1809, vous l'avez déchiré. Retirez-vous, nous ne vous connaissons plus.

PIÈCES JUSTIFICATIVES

I

LOI DU 7 FRIMAIRE AN V

N° 890. — *Bulletin des lois* (2ᵉ série), n° 94.

Loi qui ordonne la perception, pendant six mois, au profit des indigens, d'un décime par franc en sus du prix des billets d'entrée dans tous les spectacles.

Du 7 frimaire an V de la République française une et indivisible.

Du 12 brumaire. Le Conseil des Cinq Cents, après avoir entendu le rapport de sa Commission de l'organisation des secours, et trois lectures faites les 13 messidor, 2 thermidor et 11 fructidor,

Et, après avoir déclaré qu'il n'y a pas lieu à l'ajournement, prend la résolution suivante :

ARTICLE PREMIER. — Il sera perçu un décime par franc (*deux sous pour livre, vieux style*), en sus du prix de chaque billet d'entrée, pendant six mois, dans tous les spectacles où se donnent des pièces de théâtre, des bals, des feux d'artifice, des concerts, des courses et exercices de chevaux, pour lesquels les spectateurs paient.

La même perception aura lieu pour le prix des places louées pour un temps déterminé.

ART. 2. — Le produit de la recette sera employé à secourir les indigents qui ne sont pas dans les hospices.

ART. 3. — Dans le mois qui suivra la publication de la présente, le Bureau central, dans les communes où il y a plusieurs municipalités, et l'administration municipale, dans les autres, formeront, par une nomination au scrutin, un Bureau de bienfaisance, ou plusieurs s'ils le croient convenables : chacun de ces Bureaux sera composé de cinq membres.

ART. 4. — Les fonctions des Bureaux de bienfaisance seront de diriger les travaux qui seront prescrits par lesdites administrations, et de faire la répartition des secours au domicile.

ART. 5. — Les membres de ces Bureaux n'auront aucune rétribution et ne toucheront personnellement aucuns fonds, ils nommeront un receveur qui fera toutes les perceptions.

ART. 6. — Lesdites administrations détermineront les mesures qu'elles croiront convenables pour assurer le recouvrement du droit ordonné par l'article premier.

Art. 7. — Dans les communes où il y aura plusieurs Bureaux de bienfaisance, la proportion pour laquelle chacun d'eux sera fondé dans la recette, sera déterminée par le Bureau central dans les communes où il y a plusieurs municipalités, et par l'administration municipale dans les autres.

Art. 8. — Chaque bureau de bienfaisance recevra de plus les dons qui lui seront offerts; ils seront déposés aux mains du receveur et enregistrés.

Art. 9. — Le Bureau rendra compte, tous les mois, du produit de sa recette à l'administration par laquelle il aura été nommé.

Art. 10. — Les secours à domicile seront donnés en nature, autant qu'il sera possible.

Art. 11. — Les mendiants valides qui n'ont pas de domicile acquis hors la commune où ils sont nés sont obligés d'y retourner; faute de quoi ils y seront conduits par la gendarmerie, et condamnés à une détention de trois mois.

Art. 12. — Les lois des 19 mars 1793 et 22 floréal an II sont rapportées en ce qui concerne les secours.

Art. 13. — La présente résolution sera imprimée.

Signé : Cambacérès, président; T. Berlier, Mathieu, Dubois (des Vosges), Fabre, secrétaires.

Après avoir entendu les trois lectures dans ses séances des 14, 20 brumaire et de ce jour, le Conseil des Anciens approuve la résolution ci-dessus. Le 7 frimaire an V de la République française.

Signé : Bréard, président; Vigneron, Girod (de l'Ain), Rousseau, secrétaires.

Le Directoire exécutif ordonne que [la loi ci-dessus sera publiée, exécutée et qu'elle sera munie du sceau de la République. Fait au palais national du Directoire exécutif le 7 frimaire an V de la République française.

Pour expédition conforme.

Signé : Barras, président; par le Directoire exécutif, le secrétaire général, Lagarde, et scellé du sceau de la République.

II

ARRÊTÉ DU 5 PRAIRIAL AN XI
TRONCS ET QUÊTES DANS LES TEMPLES ET AUTRES LIEUX PUBLICS

I

Paris, le 12 prairial an XI (1er juin 1803).

Le ministre de l'Intérieur (M. Chaptal) aux préfets.

Diverses lois et règlemens constitutifs de l'administration des établissements d'humanité leur accordaient le droit de faire quêter dans

les églises et d'y poser des troncs destinés à recevoir les dons et les
aumônes. Le Gouvernement, à qui j'en ai rendu compte, et sous les
yeux duquel j'ai remis les dispositions de la loi du 7 frimaire an V
(27 novembre 1796), qui attribue aux Bureaux de bienfaisance, dont
elle ordonne la création par canton, le droit de recueillir les dons
offerts pour le soulagement de l'indigent, a pensé qu'il convenait de
faire revivre tout ce qui pouvait tendre à exciter la bienfaisance des
citoyens et à consolider l'existence de ces institutions, en leur ména-
geant tous les moyens de se créer de nouvelles sources de revenus
pour les pauvres ; il a donc autorisé le rétablissement du droit dont je
viens de vous entretenir, et c'est en conséquence de son assentiment
que j'ai pris la décision que vous trouverez ci-jointe. Veuillez assurer
l'exécution des dispositions qu'elle contient, et donner à cet égard, tant
aux administrateurs des hospices qu'à ceux des Bureaux de bienfaisance de chaque canton, les instructions que vous jugerez nécessaires.

II

Paris, le 5 prairial an XI, (25 mai 1803).

Le ministre de l'Intérieur, vu l'article 8 de la loi du 7 frimaire an V
(27 novembre 1796), arrête ce qui suit :

Article premier. — Les administrateurs des hospices et des Bureaux de
bienfaisance organisés dans chaque arrondissement sont *autorisés* à
faire quêter dans tous les temples consacrés à l'exercice des cérémonies
religieuses, et à confier la quête soit aux Filles de Charité vouées au
service des pauvres et des malades, soit à telles autre dames qu'ils le jugeront convenable.

Art. 2. — Ils sont pareillement autorisés à faire poser dans tous les
temples, ainsi que dans les édifices affectés à la tenue des séances des
corps civils, militaires et judiciaires, dans tous les établissements d'humanité, auprès des caisses publiques, et dans tous les autres lieux où
l'on peut être excité à faire la charité, des troncs destinés à recevoir les
aumônes et les dons que la bienfaisance individuelle voudrait y déposer.

Art. 3. — Tous les trois mois, les Bureaux de charité feront aussi
procéder, dans leurs arrondissements respectifs, à des collectes.

Art. 4. — Le produit des quêtes, des troncs et des collectes, sera réuni
dans la caisse de ces institutions et employé à leurs besoins suivant et
conformément aux lois. Les préfets en transmettront l'état, tous les
rois mois au ministre de l'Intérieur.

Art. 5. — Dans les arrondissements où l'établissement des Bureaux
de bienfaisance et des Bureaux auxiliaires n'a point encore eu lieu, les
Préfets, conformément aux instructions du 28 vendémiaire an X

(20 octobre 1801), s'occuperont sans délai de leur organisation, et soumettront à la confirmation du ministre les arrêtés qu'ils croiront devoir prendre.

Art. 6. — Les Préfets sont respectivement chargés d'assurer l'exécution de ces dispositions, et d'en rendre compte.

(Circulaires, instructions et autres actes émanés du ministère de l'Intérieur (seconde édition), in-8°, 1821, t. 1er, p. 280-281.)

III

RAPPORT DE PORTALIS, MINISTRE DES CULTES,
A S. M. L'EMPEREUR

16 avril 1806.

Sire, j'ai l'honneur de soumettre à Votre Majesté quelques observations sur un projet de décret qui est sur le point d'être discuté dans votre Conseil d'Etat, et qui est relatif aux quêtes et collectes en faveur des pauvres et des hospices dans les églises.

On lit dans le considérant de ce projet de décret que *l'administration des dons et des aumônes offerts en faveur des pauvres, ainsi que le produit des quêtes et des collectes faites en leur faveur, fait essentiellement partie des attributions des Commissions charitables instituées par les lois des 16 vendémiaire et 7 frimaire an V, et que l'administration des aumônes dévolue aux Fabriques par la loi du 18 germinal an X, n'a pour objet que les aumônes offertes pour les frais du culte, l'entretien et la conservation des temples.*

Les Commissions charitables n'ont été établies que par des lois dont la date est certainement bien antérieure au rétablissement du culte. On ne peut donc argumenter de ces lois pour enlever aux Fabriques des églises des droits qui sont inhérents à leur existence.

L'administration des aumônes n'est et ne peut être le privilège exclusif d'aucun établissement quelconque : les aumônes sont des dons volontaires et libres; celui qui fait l'aumône pourrait ne pas la faire; il est le maître de choisir le ministre de sa propre libéralité. La confiance ne se commande pas, on peut la donner ou la refuser à qui l'on veut.

Les lois n'ont jamais entrepris de forcer le retranchement impénétrable de la liberté du cœur; l'homme qui est en état de faire l'aumône et qui en a la volonté peut donc s'adresser même à de simples particuliers. A qui appartiendra donc l'administration de ces aumônes? A celui ou à ceux que le donateur aura chargés d'en faire la distribution.

Il n'y a et il ne peut point y avoir d'autre règle en pareille matière. Ebranler cette règle, ce serait tarir la principale source des aumônes.

Comment serait-il possible de penser que les Fabriques sont exclues du droit d'administrer les aumônes qu'elles reçoivent? Dans ce système il faudrait aller jusqu'à dire qu'il leur est interdit d'en recevoir, c'est-à-dire, il faudrait détruire la liberté naturelle qu'ont les hommes qui consacrent une partie de leur fortune à des aumônes, de choisir les agents de leur bienfaisance et de leur libéralité.

La loi a prévu elle-même que les Fabriques auraient des aumônes à administrer, puisque, par l'article 76 de la loi du 18 germinal an X, elles sont expressément chargées de cette administration.

On voudrait donner à entendre que, dans cet article, le mot aumône ne s'applique qu'à ce qui est donné pour les frais du culte. Mais, 1º jamais le mot aumône n'a été appliqué à de pareils dons.

Il faudrait renoncer à toutes les notions du droit canonique pour confondre des objets qui ne se ressemblent pas et qui ont toujours été exprimés par des mots différents.

2º On lit, dans l'article 76, *qu'il sera établi des Fabriques pour veiller à l'entretien et à la conservation des temples, à l'administration des aumônes.*

Il est évident que le législateur a très bien distingué le soin de l'entretien et de la conservation des temples d'avec l'administration des aumônes. Ce sont là deux choses que l'on ne peut identifier quand la loi les sépare.

3º J'en atteste l'histoire de tous les temps : les Fabriques ont toujours été en possession de recevoir des aumônes et de les administrer ; la religion a été la première amie des pauvres, et il est impossible de méconnaître tout ce que l'humanité lui doit.

Sans doute, les Commissions charitables sont des institutions utiles, mais ce serait dénaturer leur caractère et peut-être même détruire leur utilité, que de les transformer en institutions exclusives. La bienfaisance souffle comme elle veut et où elle veut ; si vous ne la laissez pas respirer librement, elle s'éteindra ou elle s'affaiblira dans la plupart de ceux qui sont disposés à l'exercer.

J'ajoute que ce serait mal connaître l'intérêt des pauvres que de les isoler en quelque sorte de toutes les âmes religieuses qui peuvent les protéger et les secourir ; tel confie ses aumônes à une Fabrique, qui ne les confierait pas à un autre établissement. Loin de prescrire des limites et des conditions imprudentes à la bienfaisance, il faut lui ouvrir toutes les voies qu'il lui plaira de choisir pour s'étendre. Le considérant du projet d'arrêté est donc inconciliable avec tous les principes, avec la pratique de tous les temps et avec la nature même des choses.

Si l'on passe ensuite aux dispositions du projet de décret, elles donnent lieu à des réflexions que je crois également devoir mettre sous les yeux de Votre Majesté ; on se propose de faire ordonner que les Commissions charitables, les hospices et autres établissements, pourront quêter dans les églises avec une entière liberté et sans préfixion de temps pour les pauvres ; on ne réserve aux évèques et aux ministres du culte que la faculté d'agréer les personnes commises par ces quêtes.

Mais, si cette disposition était adoptée en entier, on détruirait entièrement les collectes destinées aux frais du culte, car il serait bien difficile que la charité pût suffire à tous ces objets à la fois : la concurrence pourrait nuire à tous.

Les églises sont pauvres et les ministres le sont aussi. Dans tous les temps, les quêtes pour les pauvres, au nom des hospices, ou de tous autres établissements publics, n'étaient autorisées qu'à certains jours où les solennités appelaient dans les temples un assez grand nombre de fidèles, et où la charité pouvait plus facilement partager ses bienfaits entre tous les objets capables de fixer son attention.

Il serait équitable de concilier tous les intérèts par un arrangement qui conserverait quelques ressources aux églises, et qui ne ferait pas concourir à chaque instant les collectes avec les quêtes.

J'ai l'honneur de proposer à Votre Majesté de renvoyer au Conseil d'Etat les observations que j'ai cru devoir lui soumettre.

(Rapport publié par le *Journal des Conseils de Fabrique*, 2e série, t. III, 1854-1855, p. 15 et suiv.)

IV

DÉCRET DU 12 SEPTEMBRE 1806, QUÊTES DANS LES ÉGLISES

I

Rapport présenté à S. M. l'empereur et roi,
par son ministre des Cultes (Portalis).

Le 10 septembre 1806.

Sire, d'après la décision de Votre Majesté, le ministre de l'Intérieur prit un arrêté, le 5 prairial an XI, qui autorise les membres des Bureaux de bienfaisance à faire des quêtes dans les églises.

D'un autre côté, les évèques, dans les règlements pour les Fabriques intérieures que Votre Majesté, par sa décision du 7 floréal an XI, les a autorisés à faire, sauf son approbation, ont tous inséré un article qui, réglant les quêtes à faire et les troncs à poser, tant au profit de la Fabrique qu'à celui des pauvres, interdit toutes autres quêtes pour lesquelles ils n'auraient pas donné permission expresse. Les évèques ont certainement le droit de prendre une semblable mesure, parce qu'il leur appartient de régler ce qui concerne l'intérieur des églises ; parce qu'il y aurait confusion et désordre si, sans leur concours, une autre institution avait le droit arbitraire de disposer des églises, d'y faire des incursions quand et comme elle le voudrait, sans être astreinte à aucun ordre et sans autre règle que sa propre volonté.

C'est ce qui est résulté de l'arrêté du ministre de l'Intérieur du 5 prairial an XI, les administrateurs des Bureaux de bienfaisance, autorisés par cet arrêté, n'ont pas cru devoir obtenir, pour quêter dans les églises, la permission des évêques; les Fabriques et les curés ont soutenu le droit qui était acquis aux prélats par leurs règlements de Fabriques approuvés par Votre Majesté elle-même, et postérieurement à l'arrêté du ministre de l'Intérieur.

Dans ce conflit réciproquement désavantageux aux pauvres, les administrateurs des Bureaux de bienfaisance et ceux des Fabriques trouvent respectivement des partisans suivant la disposition des esprits dans les diverses communes, et je dois dire à Votre Majesté que la cause des Fabriques est plus généralement soutenue. Plusieurs motifs produisent cet effet: 1º le droit naturel et positif qu'ont les évêques de régler ce qui concerne l'intérieur des églises; 2º l'inconvenance d'une attribution arbitraire et non réglée à une institution civile sur les églises; 3º la destination du produit d'une partie des quêtes faites et de la totalité de celui des troncs placés par les Fabriques, qui tourne au profit de cette espèce de pauvres que des circonstances et des malheurs ont renversés d'un état honnête, et qui, ne voulant pas confesser leur misère à des administrateurs des Bureaux de bienfaisance, leurs égaux, et quelquefois leurs ennemis ou leurs rivaux, vont chercher auprès de leurs pasteurs des consolations qui soutiennent leur courage et des secours qui ne les humilient pas. C'est à cet intéressant emploi que sont, en général, consacrées les aumônes faites par les Fabriques et les curés.

Il est quelques communes où les administrateurs des Bureaux de bienfaisance, mieux éclairés pour l'avantage des pauvres, se sont réunis avec ceux des assemblées de charité, et il en est résulté un très grand bien; mais partout où, soit ces administrateurs, soit les maires et les préfets, ne prévoyant pas cet avantage ou n'ayant pas de dispositions favorables à ce qui tient aux institutions ecclésiastiques, ont voulu exécuter sans ménagement l'arrêté du ministre de l'Intérieur, la division entre les Bureaux de bienfaisance et les Fabriques subsiste, s'entretient et perpétue un état d'opposition qu'il est instant de faire cesser.

Le nouveau préfet du département du Nord, en réformant les mesures conciliatrices prises par son prédécesseur, vient d'établir une espèce de trouble dans la plupart des églises de son département, et par les expressions inconsidérées d'une lettre circulaire, il s'est mis et a mis même les ministres de Votre Majesté dans l'impuissance de calmer ce trouble par les moyens ordinaires de l'administration.

Le ministre de l'Intérieur, par son arrêté du 5 prairial an XI, a donné à une institution qui se trouve dans ses attributions une simple faculté; mais il ne l'a pas dégagée de l'obligation de se soumettre à ce que le bon ordre prescrit pour exercer régulièrement cette faculté. En permettant aux administrateurs des Bureaux de bienfaisance de quêter dans les églises, il ne les a point autorisés à se passer de la permission des évêques, et à se refuser à leur demander de régler convenablement ces quêtes.

Autrefois, lorsque, pour des secours extraordinaires, pour le rachat des captifs, les missionnaires et les Trinitaires obtenaient des rois la permission de quêter dans les églises des divers diocèses de France, on leur imposait toujours la condition de présenter les lettres patentes aux évêques respectifs, qui réglaient le temps et l'ordre de ces quêtes.

C'est donc pour faire cesser un conflit et des divisions funestes à l'ordre et à l'avantage des pauvres, et pour établir une règle nécessaire que j'ai l'honneur de proposer à Votre Majesté le projet ci-joint.

II

Décret impérial sur les quêtes à faire et les troncs à placer dans les églises par les Bureaux de bienfaisance.

Au palais de Saint-Cloud, le 12 septembre 1806.

Napoléon, empereur des Français, roi d'Italie, sur le rapport de notre ministre des Cultes ; décrétons et ordonnons ce qui suit.

ARTICLE PREMIER. — Les administrateurs des Bureaux de bienfaisance sont autorisés à faire par eux-mêmes des quêtes et à placer un tronc dans chaque église paroissiale de l'Empire.

ART. 2. — Les évêques, par un article additionnel à leurs règlements de Fabriques intérieures, et qui sera soumis à notre approbation par notre ministre des Cultes, détermineront le nombre de ces quêtes, les jours et les offices où elles se feront.

ART. 3. — Nos ministres des Cultes et de l'Intérieur sont chargés de l'exécution du présent décret.

V

AVIS DU COMITÉ DE L'INTÉRIEUR DU CONSEIL D'ÉTAT,
SUR DIVERSES QUESTIONS
RELATIVES AUX QUÊTES DANS LES ÉGLISES

Du 6 juillet 1831.

Les membres du Conseil d'Etat composant le Comité de l'Intérieur.

Consultés par M. le ministre de l'Instruction publique et des Cultes sur les questions suivantes :

1° Les évêques et les Fabriques peuvent-ils faire faire dans les églises des quêtes pour une destination autre que les besoins du culte et ceux des pauvres ?

2° Les évêques ont-ils le droit de faire faire des quêtes de cette espèce, sans le consentement et même malgré le refus des Fabriques?

3° Le produit de toute quête faite pour les pauvres dans les églises n'appartient-il pas exclusivement aux Bureaux de bienfaisance, sans que les curés puissent y faire un appel à la charité, afin d'en distribuer eux-mêmes le produit à des pauvres honteux?

Vu les pièces jointes au dossier; vu la loi du 7 frimaire an V; l'arrêté du ministre de l'Intérieur du 5 prairial an XI; l'ordonnance royale du 31 octobre 1821; la loi du 18 germinal an X; le décret du 30 décembre 1809 sur les Fabriques des églises et les articles 910 et 937 du code civil.

Sur la 1re question :

Considérant que si, dans les articles 36 et 75 du décret du 30 décembre 1809, il est question de quêtes à faire dans les églises pour les pauvres et pour les frais du culte paroissial, aucune disposition de ce décret ni d'aucune loi ou décret, n'a limité les quêtes à ces deux objets;

Que de tout temps on a fait dans les églises appel à la charité des fidèles en faveur des Séminaires, ou pour d'autres dépenses diocésaines, quand les ressources ordinaires qui y sont affectées étaient insuffisantes; que toutefois le pouvoir qui appartient à cet égard à l'autorité ecclésiastique est nécessairement subordonné aux mesures que l'autorité civile chargée de surveiller tous les lieux de rassemblement public croirait devoir prendre, suivant les localités et les circonstances pour empêcher des quêtes dont le but annoncé pourrait être de nature à servir de prétexte à troubler la tranquillité publique.

Sur la 2e question :

Considérant que si le jurisprudence a pu varier autrefois relativement au degré d'autorité des Evêques, en ce qui concerne les quêtes dans les églises de leurs diocèses, l'article 75 du décret du 30 décembre 1809 ne peut laisser aucun doute; qu'il a statué que les Evêques, sur le rapport des marguilliers, c'est-à-dire après les avoir entendus, règleront tout ce qui est relatif aux quêtes dans les églises; que l'on conçoit, en effet, que si la décision n'appartenait pas aux Evêques, les marguilliers, n'appréciant pas les besoins généraux du diocèse, repousseraient souvent les quêtes destinées à y pourvoir, de crainte de voir la concurrence de ces quêtes nuire à celles qui doivent se faire pour la Fabrique.

Sur la 3e question :

Considérant que la loi du 3 frimaire an V ayant institué les Bureaux de bienfaisance pour administrer les biens des pauvres, recevoir les dons qui leur sont faits, et leur distribuer le produit de ces biens et aumônes, d'après les dispositions du code civil (art. 910 et 937), c'est aux Bureaux de bienfaisance seul qu'il appartient de recevoir les aumônes faites aux pauvres; que leur droit d'établir des troncs dans les églises et d'y faire des quêtes pour les pauvres, tel que ce droit a été établi par arrêté du ministre de l'Intérieur du 5 prairial an XI, a été confirmé par l'article 75 du décret du 30 décembre 1809, qui statue que les Bureaux de bienfaisance peuvent faire les quêtes toutes les fois qu'ils le jugent convenable, sans avoir besoin de l'autorisation de l'Evêque.

Sont d'avis que les trois questions renvoyées à l'examen du Comité doivent être résolues affirmativement. (*Journal des Conseils de Fabrique*, 2ᵉ série, t. II, 1853-1854, p. 309-311.)

VI

AVIS DU CONSEIL D'ÉTAT SUR LA QUESTION DE SAVOIR : 1° PAR QUI ET EN QUELLES FORMES DOIVENT ÊTRE ACCEPTÉES DES LIBÉRALITÉS FAITES A DES FABRIQUES POUR LE SOULAGEMENT DES PAUVRES ; 2° AU NOM DE QUI DOIVENT ÊTRE IMMATRICULÉS LES TITRES DE RENTES ACHETÉS AVEC LE PRODUIT DE CES LIBÉRALITÉS ; 3° A QUI DOIVENT ÊTRE CONFIÉS LA GARDE DES TITRES DE RENTES ET LE SOIN D'EN PERCEVOIR LES ARRÉRAGES

6 mars 1873. — N° 96755.

Le Conseil d'Etat, qui, sur le renvoi ordonné par M. le ministre de l'Instruction publique, des Cultes et des Beaux-arts, a pris connaissance d'un projet de décret tendant :

1° A autoriser le trésorier de la Fabrique de l'église succursale de Villegenon (Cher) et le maire de Villegenon, à défaut de Bureau de bienfaisance, à accepter, chacun en ce qui le concerne, le legs fait à ladite Fabrique par le sieur Jean Louis de Montmorant, suivant son testament olographe du 22 février 1783, et consistant en une somme de 1,200 livres, pour le revenu être employé au soulagement des pauvres, de la paroisse par les soins du desservant ;

2° A prescrire que le produit de cette libéralité sera placé en rentes 3 % sur l'Etat, immatriculées au nom de la Fabrique et des pauvres, et que la garde du titre sera confiée au receveur municipal ;

3° A autoriser, dans la même forme, le trésorier de la Fabrique de l'église succursale de Santranges, et le maire de Santranges, à défaut de Bureau de bienfaisance, à accepter le legs d'une somme de 800 livres fait à cette Fabrique par le sieur Jean Louis de Montmorant par le même testament et aux mêmes conditions que le legs précédent ;

Vu le testament du sieur de Montmorant, en date du 22 février 1783 ;

Vu les dépêches et pièces comprises au dossier, notamment l'avis du préfet du département du Cher, en date du 11 juillet 1870 et l'avis de l'archevêque de Bourges en date du 31 mars 1866 ;

Vu la loi du 7 frimaire an V, les lois des 20 ventôse et 16 vendémiaire an V, l'arrêté du 27 prairial an IX; les décrets des 12 juillet 1807 et 14 juillet 1812;

Vu les articles 910 et 937 du Code civil, la loi du 2 janvier 1817, les ordonnances du 2 avril 1817 et 14 janvier 1831 et la loi du 12 janvier 1849;

Vu la loi du 18 germinal an X portant organisation du culte catholique et le décret du 30 décembre 1809;

Vu la loi du 18 germinal an X et le décret du 18 mars 1852 portant organisation des cultes protestants;

Vu l'ordonnance royale du 25 mai 1844, portant règlement pour l'organisation du culte israélite;

Vu les avis du Conseil d'Etat, en date des 4 mars 1841 et 30 décembre 1846;

Vu l'avis du 24 janvier 1863;

Considérant que la jurisprudence dont le projet de décret propose de faire application aux legs laissés par le sieur de Montmorant aux Fabriques de Villegenon et de Sautranges, pour les pauvres de ces deux paroisses, est fondée sur la pensée, d'une part, que les libéralités destinées à secourir les pauvres ne peuvent pas être acceptées et exécutées sans l'intervention du Bureau de bienfaisance ou du maire de la commune; d'autre part, que le soin de recueillir de telles libéralités n'entre pas dans les attributions légales des Fabriques;

Considérant que ces principes ne sont écrits dans aucune disposition de loi ou de règlement;

Sur le premier point :

Considérant, d'une part, que la loi du 7 frimaire an V, qui a créé les Bureaux de bienfaisance pour recouvrer le droit des pauvres qu'elle établissait temporairement à l'entrée des théâtres, a seulement ajouté à cette mission le soin de diriger les travaux de charité ordonnés par l'autorité municipale, de recevoir les dons qui leur seraient offerts et de répartir les secours à domicile;

Que l'article 937 du Code civil et l'ordonnance royale du 2 avril 1817 n'appellent également les Bureaux de bienfaisance à accepter que les dons et legs qui leur sont adressés;

Qu'à la vérité, la loi du 20 ventôse an V, qui leur rendit applicable la loi du 16 vendémiaire précédent, l'arrêté du 27 prairial an IX et les décrets du 12 juillet 1807 et 14 juillet 1812 ont réparti entre eux et les hospices les biens non aliénés des anciens établissements de bienfaisance qui secouraient les pauvres ou les malades, mais qu'aucune de ces dispositions n'a prescrit qu'à l'avenir les Bureaux de bienfaisance pourraient seuls, et à l'exclusion de tout autre établissement, recueillir des libéralités destinées au soulagement des pauvres;

Considérant, d'autre part, que si l'article 937 du Code civil et l'ordonnance du 2 avril 1817 attribuent aux maires la mission d'accepter les dons et legs faits aux pauvres d'une commune, ces dispositions ont pour objet de donner aux pauvres un représentant légal pouvant accepter et administrer les libéralités qui leur sont adressées sans autre détermination ; mais qu'elles ne s'opposent nullement à ce qu'un autre établissement légalement reconnu puisse être autorisé à recueillir, si elles lui sont adressées directement, et à employer seul, si elles se rattachent à sa mission, des libéralités ayant une destination charitable.

Sur le second point :

Considérant qu'il ne peut être contesté que sous l'ancien régime les Fabriques n'eussent les aumônes dans leurs attributions ;

Que, depuis l'an X, par une suite naturelle des anciennes traditions, l'usage s'est maintenu de quêter dans les églises pour les pauvres de la paroisse, et qu'un grand nombre de libéralités entre vifs ou testamentaires sont journellement adressées aux Fabriques avec une destination charitable, pour être distribuées par le curé ou le desservant ;

Que, pour démentir un état de choses fondé sur les considérations morales les plus élevées et confirmées si unanimement par les mœurs publiques, il faudrait un texte qui interdît aux Fabriques de recueillir des offrandes pour les pauvres ;

Considérant que non seulement une telle disposition n'existe dans aucune loi ni dans aucun règlement, mais qu'au contraire l'article 76 de la loi du 10 germinal an X et l'article premier du décret du 30 décembre 1809 attribuent expressément aux Fabriques *l'administration des aumônes ;*

Que le mot *aumônes,* employé par le législateur avec son sens véritable et traditionnel, ne comprend pas seulement les offrandes qui sont destinées à pourvoir aux frais du culte, mais aussi celles qui sont destinées aux pauvres ; que l'interprétation donnée par Portalis à la loi qu'il avait rédigée ne peut laisser à cet égard aucun doute ;

Qu'il résulte de ce qui précède qu'aucune loi ne s'oppose à ce que les Fabriques puissent recueillir seules les libéralités ayant une destination charitable ;

Considérant qu'il y a lieu de rechercher dans chaque espèce quelle a été l'intention du testateur et d'apprécier quelles sont les mesures à prescrire pour en mieux assurer la fidèle exécution ;

Que la Fabrique peut être autorisée à accepter seule et sans l'intervention du maire ou du Bureau de bienfaisance des sommes destinées à être distribuées aux pauvres par les soins des membres de la Fabrique ou du curé ;

Que s'il s'agit d'une fondation destinée à demeurer perpétuelle et dont les revenus seuls devront être distribués, il convient, tout en autorisant la Fabrique légataire à accepter le legs qui s'adresse à elle, à faire immatriculer le titre en son nom et à en conserver la garde, d'autoriser le maire à accepter *le bénéfice qui résulte du legs en faveur des pauvres de la commune*, et d'ordonner qu'un duplicata du titre lui sera délivré ; que cette mesure, sans lui donner le droit d'exercer un contrôle sur l'emploi que la Fabrique et le curé feront des revenus mis à leur disposition, lui permettra de s'assurer dans l'avenir que le capital de la fondation est conservé, et que le revenu est toujours inscrit avec sa destination au budget annuel de la Fabrique ;

Considérant que les solutions qui viennent d'être indiquées doivent s'appliquer également aux Consistoires des cultes protestants et aux Conseils presbytéraux qui, aux termes de l'article 20 de la loi du 18 germinal an X, sont chargés « de veiller au maintien de la discipline et à l'administration des deniers provenant des aumônes », et aux Consistoires israélites à qui l'ordonnance royale du 25 mai 1844 confère l'administration et la surveillance des établissements de charité spécialement destinés aux israélites ;

Est d'avis :

1º Sur la question de principe, qu'il convient d'adopter pour règle, à l'avenir, les observations qui précèdent ;

2º Qu'il y a lieu d'autoriser les deux Fabriques à accepter les legs du sieur de Montmorant, et à en placer le produit en rentes sur l'État immatriculées en leur nom, avec mention sur les inscriptions de la destination des arrérages.

3º Qu'il y a lieu d'autoriser le maire de chaque commune à accepter le bénéfice qui résulte pour les pauvres de ces deux fondations, et de prescrire qu'un duplicata de l'inscription de rente lui sera délivré.

Cet avis a été délibéré et adopté par le Conseil d'Etat dans ses séances des 27 février et 6 mars 1873.

Nota. — En ce qui concerne le paragraphe 3 relatif aux maires, voir les observations, p. 24, note, nº 43.

VII

AVIS DU CONSEIL D'ÉTAT DU 24 MARS 1880 SUR LES QUESTIONS SUIVANTES : 1º QUELLE EST L'ÉTENDUE DES DROITS ET PRÉROGATIVES CONFÉRÉS AUX BUREAUX DE BIENFAISANCE PAR LES LOIS ET RÈGLEMENTS EN VIGUEUR, EN CE QUI CONCERNE LES QUÊTES ET SOUSCRIPTIONS ; 2º QUELS SONT ACTUELLEMENT LES MOYENS DE SAUVEGARDER CES DROITS ? (nº 34,539.)

Le Conseil d'Etat, consulté par M. le ministre de l'Intérieur et des Cultes sur les questions suivantes : 1º quelle est l'étendue des droits et prérogatives conférés aux Bureaux de bienfaisance par les lois et règlements en vigueur, en ce qui concerne les quêtes et souscriptions ?

2º quels sont actuellement les moyens de sauvegarder ces droits ? vu la loi du 7 frimaire an V; l'arrêté du ministre de l'Intérieur du 5 prairial an XI; le décret du 12 septembre 1806; le décret du 30 décembre 1809, art. 75; les articles 910 et 937 du Code civil; l'ordonnance du 2 avril 1807, art. 3.

Considérant, d'une part, que la liberté de la charité privée ne saurait être contestée; considérant, d'autre part, que la loi du 7 frimaire an V, qui a institué le Bureau de bienfaisance pour distribuer des secours aux indigents, l'autorise à recevoir, en outre du dixième du prix des places dans les théâtres, « les dons qui lui sont offerts »; que l'arrêté du 5 prairial an XI lui accorde également le produit des quêtes faites par ses membres dans les édifices publics, des sommes trouvées dans les troncs placés par lui dans ces édifices et des collectes qu'il doit faire tous les trois mois; qu'enfin le décret du 30 décembre 1809 lui attribue la faculté de faire des quêtes dans les églises; qu'aucune disposition législative n'a étendu les droits conférés au Bureau de bienfaisance par les lois, décrets, ordonnance et arrêté précités et ne lui a donné qualité pour revendiquer les sommes recueillies par des tiers dans l'intérêt des pauvres; que le maire n'a pas davantage reçu de la loi ce droit de revendication; mais qu'en vertu des articles 910 et 937 du Code civil et de l'article 3 de l'ordonnance du 2 avril 1817, il serait recevable à agir en justice et à faire tous actes destinés à assurer la conservation et l'emploi des sommes versées, si les intermédiaires venaient à les compromettre ou à les détourner du but charitable qui leur avait été assigné; que ces solutions laissent intacts les droits qui appartiennent au gouvernement pour maintenir le respect des lois qui régissent les quêtes dans les églises et pour réglementer celles qui seraient faites dans les lieux et édifices publics; est d'avis qu'il y a lieu de répondre aux questions posées par M. le ministre de l'Intérieur dans le sens des observations qui précèdent.

VIII

AVIS DU CONSEIL D'ÉTAT DU 13 JUILLET 1881 SUR LA QUESTION DE SAVOIR S'IL RENTRE DANS LES ATTRIBUTIONS LÉGALES DES FABRIQUES ET DES CONSEILS PRESBYTÉRAUX DE RECEVOIR LES DONS ET LEGS QUI LEUR SONT FAITS POUR LE SOULAGEMENT DES PAUVRES

Le Conseil d'Etat qui, sur le renvoi ordonné par M. le ministre de l'Intérieur et des Cultes, a pris connaissance de trois projets de décrets tendant :

Le premier à l'acceptation du legs universel fait par la dame veuve Lauzero à la Fabrique de l'église Saint-Jean-Baptiste de Belleville, à Paris (Seine), à la charge notamment d'affecter une partie des revenus dudit legs aux œuvres paroissiales de charité;

Le deuxième, à l'acceptation de legs faits par le sieur Mettetal à divers établissements des départements de la Seine et de Seine-et-Oise, notamment d'une somme de 18,000 francs au Conseil presbytéral de l'Eglise réformée de Paris pour le service des pauvres ;

Le troisième, à l'acceptation du legs universel, fait par la dame veuve Dupré à la Fabrique de l'église succursale de Malemont (Vaucluse), à la charge notamment de distribuer annuellement aux familles les plus nécessiteuses de cette commune le pain de 4 hectolitres de blé, le tout à perpétuité ; vu les articles 910 et 937 du Code civil, la loi du 2 janvier 1817 ; les ordonnances du 2 avril 1817 et du 14 janvier 1831 ; vu la loi du 18 germinal an X ; vu le décret du 30 décembre 1809 ; vu le décret du 26 mars 1852 ; vu les avis du Conseil d'Etat, en date des 12 avril 1837 et 6 mars 1873 ;

Considérant que les établissements publics ne sont aptes à recevoir et à posséder que dans l'intérêt des services qui leur ont été spécialement confiés par les lois et dans les limites des attributions qui en dérivent ; considérant que ni les Fabriques, ni les Conseils presbytéraux n'ont été institués pour le soulagement des pauvres et pour l'administration des biens qui leur sont destinés ; que la loi du 18 germinal an X, en effet, n'a eu pour but que de pourvoir à l'administration des paroisses et au service du culte ; que si les articles 76, relatif au culte catholique, et 20, relatif aux cultes protestants, ont parlé de l'administration des aumônes ou de l'administration des deniers provenant des aumônes, ils se réfèrent uniquement aux offrandes et aux dons volontaires faits par les fidèles pour les besoins du culte ; que le décret du 30 décembre 1809, en chargeant les Fabriques d'administrer les aumônes, n'a pas entendu donner au mot aumône un sens différent de celui qu'il avait dans la loi de germinal an X, qu'en effet, après avoir énuméré les différents biens dont il confie l'administration aux Conseils de Fabrique, l'article premier détermine nettement la destination de ces biens par ces mots « et généralement tous les fonds affectés à l'exercice du culte » ;

Est d'avis que ni les Conseils presbytéraux, ni les Fabriques n'ont capacité pour recevoir des biens dans l'intérêt des pauvres ;

En conséquence, le Conseil a modifié la rédaction des projets de décrets présentés dans le sens des observations qui précèdent.

IX

COUR DE CASSATION (CHAMBRE DES REQUÊTES)

2 août 1897.

Aucune disposition législative ne confère, soit au Bureau de bienfaisance, soit au maire, le droit de revendiquer les sommes recueillies par des tiers dans l'intérêt des pauvres. Spécialement un Comité qui s'est créé pour l'organisation d'une caval-

cade et d'une kermesse, n'est pas tenu de verser au Bureau de bienfaisance les fonds recueillis par lui, et il peut les répartir au mieux des intentions de ceux qui, en lui remettant leurs offrandes, l'ont constitué leur mandataire.

La Cour,

Sur le premier moyen tiré de la violation des articles 910 et 937 du Code civil et de l'ordonnance du 2 avril 1817 ;

Attendu en fait qu'il résulte des constatations de l'arrêt attaqué : 1º que dans le courant de 1893 des fêtes de bienfaisance ont été organisées à Bourgoin par un Comité dit de la cavalcade et de la kermesse ; que celui-ci s'était formé sans l'intervention de l'autorité publique ; et que si, pour subvenir à des dépenses, il a sollicité et reçu de la municipalité comme des particuliers certaines sommes d'argent, il a toujours eu un caractère purement privé ; 2º que ses membres agissaient à leurs périls et risques, et engageant leur responsabilité personnelle avaient fait des acquisitions d'objets destinés à être vendus, installé des baraques foraines, établi des spectacles, à l'entrée desquels on payait, et que la recette totale se composait de ces diverses perceptions jointes au montant des quêtes et des souscriptions ; 3º que jamais on n'a annoncé au public que le produit des fêtes serait versé au Bureau de bienfaisance, mais seulement qu'il serait distribué aux pauvres ; 4º que le mode de distribution adopté par le Comité est celui qui avait été constamment suivi lors des cavalcades précédentes ;

Attendu que si le Bureau de bienfaisance, aux termes de la loi du 7 frimaire an V, a qualité pour recevoir les dons qui lui sont offerts, et si l'arrêté du 5 prairial an XI et le décret du 30 décembre 1809 lui accordent la faculté de faire quêter dans les édifices publics et les églises, aucune disposition législative n'interdit en principe l'exercice de la charité privée et ne confère, soit au Bureau de bienfaisance lui-même, soit au maire, le droit de revendiquer les sommes recueillies par des tiers dans l'intérêt des pauvres ; qu'en vertu des articles 910 et 937 du Code civil et 3 de l'ordonnance du 2 avril 1817, le maire serait seulement recevable à provoquer les mesures nécessaires pour assurer la conservation ou l'emploi de ces sommes, dans le cas où les intermédiaires viendraient à les détourner ou à les compromettre ;

Attendu que la Cour de Grenoble, dans l'espèce, a jugé que le Comité n'était pas tenu de verser au Bureau de bienfaisance les fonds recueillis par lui et qu'il pouvait les répartir au mieux des intentions connues ou présumées de ceux qui, en lui remettant leurs offrandes dans un but charitable, l'avaient constitué mandataire, et s'étaient rapportés à lui pour procéder à la répartition ;

Attendu que cette décision, fondée sur une appréciation souveraine des faits de la cause, ne viole aucun des textes susvisés ;

Rejette.

X

PROJET D'AVIS PRÉSENTÉ AU CONSEIL D'ÉTAT
PAR LA SECTION DE L'INTÉRIEUR ET DES CULTES

Octobre 1898.

Le Conseil d'État, consulté par le ministre de l'Intérieur sur les questions suivantes :

Les Conseils de Fabriques, curés et desservants ont-ils le droit de quêter dans les églises pour les pauvres ? et, en cas de négative, qui a droit de quêter dans les églises pour les pauvres ?

Vu la loi du 7 frimaire an X ;

Vu l'arrêté du 5 prairial an XI ;

Vu le décret du 12 septembre 1806 ;

Vu la loi du 18 germinal an X et le décret du 30 décembre 1809 ;

Vu les articles 910 et 937 du Code civil ;

Vu les lois des 5 avril 1884 et 15 juillet 1893 ;

Vu les avis du Conseil d'État en date des 6 juillet 1831, 26 mars 1880 et 18 juillet 1881.

Sur la première question :

Les Conseils de Fabriques, curés et desservants ont-ils le droit de quêter dans les églises pour les pauvres ?

Considérant qu'aux termes de l'article 76 de la loi du 18 germinal de l'an X et de l'article premier du décret du 30 décembre 1809, les Fabriques n'ont de capacité que pour pourvoir à l'entretien des églises et aux frais du culte et n'ont point de vocation charitable ; que, par conséquent, elles sortiraient de leur mission dans laquelle il est du devoir du gouvernement de les maintenir si elles procédaient à des quêtes dans les églises pour en destiner le montant aux pauvres de leur choix et qu'elles détourneraient ainsi de sa destinée l'une des recettes dont la loi a composé le budget du Bureau de bienfaisance ;

Que les curés et desservants n'ont pas davantage capacité pour recevoir au nom des pauvres ;

Sur la deuxième question :

Qui a le droit de quêter dans les églises au nom des pauvres ?

Considérant qu'au profit des indigents qu'ils ont mission de secourir et dont ils sont les seuls représentants légaux, les Bureaux de bienfaisance et les Bureaux d'assistance ont reçu, des lois précitées, le droit de pratiquer des quêtes dans les églises, à l'exclusion des Fabriques ou de tout autre établissement public ;

Que pour assurer le plein exercice de cette prérogative, l'article 75 du décret du 30 décembre 1809 les a autorisés à procéder ou faire procéder par leurs préposés à des quêtes de cette nature toutes les fois qu'ils le jugeraient convenable sans avoir à se concerter avec l'autorité ecclésiastique ;

Mais considérant que cette dernière faculté n'étant établie qu'en faveur des seuls Bureaux de bienfaisance et d'assistance par les dispositions précitées, les autres établissements, soit publics, soit d'utilité publique, tels que les hospices et les orphelinats qui ont mission de venir en aide à certaines catégories d'indigents, ne pourraient faire appel à la charité publique dans les églises que sous la condition de se concerter avec l'autorité épiscopale conformément à l'article 75 du décret du 30 décembre 1809.

Est d'avis

De répondre dans le sens des observations qui précèdent.

Le conseiller d'État rapporteur　　　　　　　　*Le président*
　　Signé : Abel Flourens.　　　　　　　　　　Signé : G. Coulon.

Le secrétaire
Signé : R. Lagrange.

(Texte publié par le journal *la Croix*, numéro du vendredi 21 octobre 1898.)

TABLE DES MATIÈRES

PIÈCES JUSTIFICATIVES

IMPRIMERIE E. PETITHENRY, 8, RUE FRANÇOIS Ier, PARIS

PRINCIPAUX OUVRAGES DU MÊME AUTEUR (suite)

XII. **De l'organisation de la bienfaisance publique et privée dans les campagnes au XVIII° siècle**, in-8°, 52 pages. Châlons-sur-Marne. Thouille, 1895. (Extrait des mémoires de la Société d'agriculture, commerce, sciences et arts du département de la Marne, année 1894.)

XIII. **L'assistance médicale au XVIII° siècle**, in-8°, 22 pages. Paris, imprimerie Nationale, 1895. (Extrait du Bulletin des sciences économiques et sociales du Comité des travaux historiques et scientifiques.)

XIV. **Du développement de la charité légale en France** (discours prononcé à la séance de clôture du Congrès national catholique de Reims, le 25 octobre 1896. Comptes rendus du Congrès). Lille, 1897.

XV. **De l'organisation de la charité privée.** Communication faite, en août 1897, au Congrès scientifique international des catholiques, tenu à Fribourg (Suisse). Comptes rendus du Congrès, 1898.

XVI. **La Révolution et les pauvres,** grand in-8°, 400 pages. Paris. Picard, 1898. (Ouvrage tiré à 500 exemplaires, numérotés), *presque épuisé.*

LECTURES FAITES A L'ACADÉMIE DES SCIENCES

MORALES ET POLITIQUES

(INSTITUT DE FRANCE)

XVII. **De l'organisation du travail dans les prisons cellulaires belges** (25 août 1888). in-8°, 18 pages. Paris, A.-Picard, 1889.

XVIII. **Les grands problèmes sociaux à l'Académie royale des sciences morales et politiques d'Espagne** (22 juin 1889). in-8°, 32 pages. Paris, A. Picard, 1889.

XIX. **Les Congrès nationaux d'assistance aux États-Unis** (23 février 1895). in-8°, 22 pages. Paris, A. Picard, 1895.

XX. **Les associations charitables dans la province de Québec** (Canada), (7 mars 1896). in-8°, 13 pages. Paris, A. Picard et fils, 1896.

XXI. **Etude sur la législation charitable en Hollande** (27 juin 1896). in-8°, 32 pages. Paris, A. Picard et fils, 1897.

XXII. **Quinze années de réformes hospitalières** (1774-1789), (12 février 1898). in-8°, 20 pages. Paris, A. Picard et fils, 1898.

IMPRIMERIE E. PETITHENRY, 8, RUE FRANÇOIS Ier, PARIS